Język angielski
Jak zdobyć pracę

Elżbieta Mańko, Andrzej Hildebrandt

GW00505037

Langenscheidt

Warszawa

Współpraca przy opracowaniu: Agata Trzcińska, Katarzyna Grzelak
(Quendi Language Services)
Konsultacja językowa: Brian Kelly (Quendi Language Services)
Redakcja polonistyczna: Katarzyna Sarna
Korekta: Jadwiga Kosmulska, Katarzyna Sarna
Produkcja: Marzena Baranowska

Koordynacja projektu: Ewa Czarnowska-Fenrych

Okładka: Agencja RR
Skład i łamanie: GABO s.c., Milanówek
Druk i oprawa: Drukarnia Naukowo-Techniczna oddział PAP SA, Warszawa

Wszystkie nazwiska, adresy e-mail i numery telefonów pojawiające się
w przykładowych ogłoszeniach i wzorach dokumentów są fikcyjne.

ISBN-10: 83-7476-149-0
ISBN-13: 978-83-7476-149-9

Cena: 14,50 zł

Spis treści

Wstęp

Coraz więcej firm działających na polskim rynku wymaga od kandydata do pracy znajomości języka angielskiego. Również rozmowa kwalifikacyjna często prowadzona jest w tym języku. Coraz więcej osób wyjeżdża za granicę w poszukiwaniu nowych doświadczeń lub po prostu lepiej płatnej pracy.

Uczymy się języka angielskiego w szkole i na kursach, tymczasem gdy przyjdzie nam wykorzystać zdobyte umiejętności w praktyce – np. w trakcie starań o pracę – zdarza się, że wpadamy w panikę i nie bardzo potrafimy sobie poradzić.

Z tej książki dowiesz się: jak czytać i rozumieć angielskojęzyczne ogłoszenia o pracy, jak napisać swoje CV zgodnie z obowiązującymi standardami europejskimi, jak przygotować się do rozmowy kwalifikacyjnej oraz jak zredagować własne ogłoszenie, gdy jesteś za granicą i szukasz pracy.

Książka ta nie jest podręcznikiem. Jest to odpowiednio dobrany zbiór przykładowych ogłoszeń, CV, listów motywacyjnych; jest to praktyczny poradnik dla osób poszukujących pracy w środowisku angielskojęzycznym, znających język angielski na poziomie średnio zaawansowanym. Znajdziesz tu wiele przydatnych zwrotów i wyrażeń. Wszystkim tekstom towarzyszą minisłowniczki, a przykładowym ogłoszeniom tłumaczenia na język polski.

Mamy nadzieję, że ta publikacja zwiększy Twoje szanse na rynku pracy w Polsce i za granicą.

Trzymamy kciuki i życzymy Ci wszystkiego najlepszego, czyli:
We keep fingers crossed for you and the best of luck!

Autorzy

Langenscheidt Polska

accommodation – zakwaterowanie
advert/adverisement/ad –
ogłoszenie (np. w prasie)
advertise – ogłaszać, rekla-
mować
along with – razem z
apply for – starać się o,
ubiegać się o
at least – przynajmniej,
co najmniej
conditions – warunki
e.g. (łac. *exempli gratia*) –
np. (na przykład)
fringe benefits – dodatkowe świadczenia
further – dalszy
on duty – na służbie, w godzinach pracy
part-time – w niepełnym
wymiarze godzin (na
część etatu)
pay – płaca
pension scheme – program
emerytalny
permanent – stały
reply – odpowiadać
temporary – czasowy,
tymczasowy
traditional mail – poczta
tradycyjna

I. Job adverts

How to read job adverts and reply to them

Before you apply for a job and send your CV along with your cover letter, read the advertisement carefully at least twice. Make sure you understand all the details:

* exactly what job is being advertised;
* what the requirements are (experience, qualifications);
* what the location of the job is (sometimes it is different to the place of the company headquarters);
* what the working conditions are (e.g. shifts, weekends);
* what kind of job it is (permanent, temporary, part-time etc.);
* what the pay is;
* if there are any fringe benefits (e.g. meals whilst on duty, pension scheme, accommodation etc.);
* how to apply (by traditional mail, online, by phone);
* who to contact for further information.

It is always worth trying to find some information about the firm you consider working for, for example by checking the Internet websites.

I. Ogłoszenia o pracy

Jak czytać ogłoszenia o pracy i jak na nie odpowiadać

Zanim odpowiesz na ogłoszenie o pracy i wyślesz swoje CV wraz z listem motywacyjnym, uważnie przeczytaj ogłoszenie przynajmniej dwa razy. Upewnij się, że rozumiesz wszystkie szczegóły:

• o jakie stanowisko chodzi,
• jakie są wymagania (doświadczenie, kwalifikacje),
• jaka jest lokalizacja miejsca pracy (czasami jest to miejsce inne niż główna siedziba firmy),
• jakie są warunki pracy (praca zmianowa, w weekendy),
• jaki to typ pracy (czasowa, stała, w niepełnym wymiarze),
• jakie zaproponowano wynagrodzenie,
• czy są jakieś dodatkowe świadczenia (np. posiłki w godzinach pracy, program emerytalny, zakwaterowanie),
• jak składać podanie (pocztą tradycyjną, przez Internet, przez telefon),
• z kim się kontaktować w celu uzyskania dalszych informacji.

Zawsze warto poszukać informacji na temat firmy, w której zamierzasz podjąć pracę (np. poprzez sprawdzenie stron internetowych).

achieve – osiągnąć
asap = as soon as possible
– jak najszybciej
consider – brać pod uwagę
duties – obowiązki
following – następujący
F/T = full time – na pełny
etat
general – ogólny
hold – posiadać (dyplom)
knowledge – wiedza
recognized – uznany, hono-
rowany, autoryzowany
required – pożądany, wy-
magany, potrzebny
successful – zwycięski, za-
kwalifikowany
urgently – pilnie

Analyse an example advertisement

Dental nurse

F/T dental nurse required urgently!

Location: Bishopton
Employer: Medica Ltd
Salary: £7–£10 per hour

Medica Ltd are urgently seeking a qualified and experienced dental nurse/receptionist. Applicants must have a minimum one year of UK dental nursing experience or hold a recognised Dental Nurse Qualification.

To be considered a qualified dental nurse you must have achieved one of the following:
• the National Examining Board for Dental Nurses (NEBDN) National Certificate examination plus 24 month experience
• the S/NVQ Level 3 in Oral Healthcare: Dental Nursing

The successful candidate should also have a knowledge of general reception duties.

For further information contact Ms J.Sheldon on jsheldon@medica.com.

If you are interested, apply online asap.

➡ Before you consider this position, make sure you have the relevant qualifications recognised in the UK.
➡ SVQ – Scottish Vocational Qualifications and NVQ – National Vocational Qualifications.
There are five levels of competence; level 5 proves top qualifications in the given area.
More information on
www.skillsforhealth.org.uk/qualifications-3.php

Przeanalizuj przykładowe ogłoszenie

Pielęgniarka dentystyczna

Pilnie potrzebna pielęgniarka dentystyczna na pełen etat!

Lokalizacja: Bishopton
Pracodawca: Medica Ltd
Wynagrodzenie: 7–10 funtów za godzinę

Medica Ltd pilnie poszukuje wykwalifikowanej i doświadczonej pielęgniarki dentystycznej / recepcjonistki. Aplikantki muszą mieć minimum jeden rok doświadczenia zawodowego na terenie Zjednoczonego Królestwa, a także posiadać autoryzowane kwalifikacje pielęgniarskie.

Wykwalifikowana pielęgniarka powinna posiadać jeden z wymienionych niżej certyfikatów:
• Państwowy Certyfikat potwierdzający zdanie egzaminu przed Państwową Komisją Egzaminacyją Pielęgniarstwa Dentystycznego plus 24 miesiące doświadczenia zawodowego,
• Certyfikat S/NVQ Stopień 3 w zakresie higieny jamy ustnej, specjalność: pielęgniarstwo dentystyczne.

Zakwalifikowana kandydatka powinna również wykazywać się ogólną znajomością pracy w recepcji kliniki.

W celu uzyskania dalszych informacji skontaktuj się z panią J. Sheldon pod adresem jsheldon@medica.com.

Jeśli jesteś zainteresowana naszą propozycją, złóż swoją ofertę online.

➡ Zanim pomyślisz o tej posadzie, upewnij się, że posiadasz wymagane kwalifikacje uznawane na terenie Zjednoczonego Królestwa. Wejdź na podaną stronę internetową i zorientuj się, na czym polega NVQ i odnośny poziom. Jest pięć poziomów kompetencji, przy czym poziom 5 jest najwyższy i potwierdza posiadanie najwyższych kwalifikacji w danej dziedzinie.

Apply online

Some job advertisements published on the Internet enable you to apply online.
Here is an example of what you can see on your computer monitor when you click on
the <u>apply</u> button.

If you are interested, <u>apply online</u> asap.

Name	
Email	
Email again	

Make sure your email is correct – it's the only way the potential employer can contact
you!

Covering letter (edit as required)

Dear Sir or Madam,

I saw your advertisement for the position of Dental Nurse (Ref. No. 23400675/07) on
the Internet.
I would like to apply, and I have attached my CV for your consideration.
I look forward to hearing from you.

Yours faithfully,

Anna Kowalska

You may upload a CV or other files to send with the application.

	Search

Send application

Złóż podanie przez Internet

Niektóre ogłoszenia o pracy publikowane w Internecie umożliwiają złożenie podania w trybie online. Oto przykład tego, co pojawi się na monitorze twojego komputera po kliknięciu na apply.

Jeśli jesteś zainteresowany, złóż jak najszybciej swoją ofertę.

(po kliknięciu na „apply online" na ekranie pojawia się gotowy formularz)

Imię i nazwisko	
E-mail	
E-mail powtórnie	

Upewnij się, że poprawnie podałeś swój adres elektroniczny – to jedyny sposób, w jaki potencjalny pracodawca może się z tobą skontaktować!

List motywacyjny (przeredaguj w zależności od potrzeby)

Szanowni Państwo,

znalazłam w Internecie Państwa ogłoszenie w sprawie pracy dla pielęgniarki dentystycznej (ref. nr 23400675/07).
Chciałabym ubiegać się o tę posadę. Załączam swoje CV w celu rozpatrzenia.
Czekam na Państwa odpowiedź.

Z poważaniem

Anna Kowalska

Dołącz CV lub inne pliki i wyślij wraz z aplikacją.

	Szukaj

Wyślij aplikację

Apply online

Here is another example of what you can find on the Internet under a job advert.

Apply below with current CV, cover letter and ensure all questions are answered. You must be eligible to work in Ireland.

Cover note

Name

Phone

Email

Question 1. Do you have a full*, clean driving licence?

Specify:

Question 2. Please rate your proficiency in English.

1 = Native
2 = Good
3 = Medium

Question 3. Are you currently in Ireland and available for an interview?

Yes/No. *If not, specify when you will be available.*

CV – <u>click here</u> to get the form.

Send application

More information on how to write a CV you will find on pages 50–63.

* „Full driving licence" daje prawo do samodzielnego prowadzenia samochodu, w prze-ciwieństwie do „provisional driving licence" (prawa jazdy tymczasowego), którego posia-daczom musi w czasie jazdy towarzyszyć doświadczony kierowca.

Złóż podanie przez Internet

Oto inny przykład tego, co możesz znaleźć w internetowym ogłoszeniu o pracy.

Złóż swoje podanie wraz z aktualnym CV, listem motywacyjnym i upewnij się, że odpowiedziałeś na wszystkie pytania. Musisz spełniać warunki wymagane do pracy w Irlandii.

Krótki list motywacyjny

| |
| |

Nazwisko	
Telefon	
E-mail	

Pytanie 1. Czy masz pełne prawo jazdy i czy nie jest ono obciążone punktami karnymi?

| Określ: |

Pytanie 2. Proszę określić swój poziom biegłości w języku angielskim.

| 1 = Rodowity użytkownik |
| 2 = Dobry |
| 3 = Średni |

Pytanie 3. Czy aktualnie przebywasz w Irlandii i możesz zgłosić się na rozmowę kwalifikacyjną?

| Tak/Nie. *Jeśli nie, określ, kiedy będziesz dostępny.* |

CV – kliknij tutaj, aby otrzymać formularz.

| |

| Wyślij aplikację |

Więcej informacji o tym, jak pisać CV, znajdziesz na s. 50–63.

access – dostęp, dojazd
applicant – osoba ubiegają-
ca się o posadę
appropriate – właściwy, odnośny
attention – uwaga
at regular intervals – w regularnych odstępach,
regularnie
behavioural needs – zaburzenia zachowania
benefits – świadczenia,
stawka
be willing to – być chęt-
nym do, wyrażać goto-
wość do
borough – dzielnica, gmina
miejska
boundary – granica
caring – troskliwy
**children with special edu-
cational needs** – dzieci
specjalnej troski
consideration – uwaga,
rozpatrzenie, uwzględ-
nienie
current – bieżący, aktualny
escort – eskortować, opiekować się podczas po-
dróży
first aid – pierwsza pomoc
immediate – natychmiasto-
wy
job-share basis – praca na
zasadzie podziału etatu
location – lokalizacja, położenie
London Transport Services
– Londyńskie Przedsię-
biorstwo Usług Transpor-
towych (Komunikacyj-
nych)
manual handling – podno-
szenie, sadzanie na wóz-
ki inwalidzkie, pomoc
w toalecie itp.
medical needs – problemy
zdrowotne
necessitate – skutkować,
powodować konieczność
on-going vacancy – stały
wakat

Work with children and the elderly

Escort person

Employer: London Borough of Hackney Council
Location: London
Salary: Up to £20,000
Benefits: £6.60–£7.20 per hour
Ref.No. 575/06 Es

London Transport Services are looking for caring and sensitive people with a few hours to spare each morning and afternoon to escort children with special educational needs to and from school. Consideration will be given to applicants wishing to work as a two-person team on a job-share basis. Escorts are needed for specific routes for individual pupils travelling both within and outside the borough, some with behavioural needs, others with medical needs that may require a high level of care and attention.

Applicants need to have a current first aid qualification or be willing to train for one. You should also live within the borough boundaries and have a mobile phone. You will normally be collected and returned to your home daily; however, you may be required to meet at various locations within the borough. Full training, including first aid and manual-handling courses, will be provided.

If you are interested in helping to make life easier for a child with special educational needs, please contact us for further details. This is an on-going vacancy and therefore there is no immediate closing date and interviews will be held at regular intervals. Please quote appropriate reference number.

Praca z dziećmi i osobami starszymi

Opiekun/ka w szkolnym autobusie

Pracodawca: Urząd Gminy Hackney, Londyn
Lokalizacja: Londyn
Pensja: do 20 tys. funtów
Stawka: 6,60–7,20 funta za godzinę
Nr ref: 575/06 Es

provide – zapewniać
reference number – numer referencyjny
require – wymagać
route – trasa
sensitive – wrażliwy
up to – do

London Transport Services poszukuje wrażliwych i troskliwych osób, dysponujących wolnym czasem w wymiarze kilku godzin rano i po południu, które mogłyby zapewnić opiekę dzieciom specjalnej troski w drodze do szkoły i ze szkoły. Rozpatrywane będą podania osób, które gotowe są pracować w dwuosobowych zespołach na zasadzie podziału etatu. Opieka dotyczy poszczególnych uczniów dojeżdżających w obrębie gminy i spoza jej granic; część uczniów to osoby z dysfunkcjami zachowania, część zaś – z problemami natury medycznej, co może się wiązać z koniecznością zapewnienia im stałej opieki i uwagi.

Osoba zainteresowana powinna posiadać kwalifikacje do udzielania pierwszej pomocy lub powinna wyrazić gotowość przejścia odpowiedniego przeszkolenia. Kandydaci do pracy winni mieszkać w obrębie gminy oraz posiadać telefon komórkowy. Osoba zatrudniona będzie codziennie odbierana z domu i odwożona z powrotem, jednakże czasem może zajść potrzeba dotarcia na własną rękę do określonego miejsca w obrębie gminy. Zapewniamy pełne przeszkolenie z zakresu udzielania pierwszej pomocy i umiejętności zajmowania się osobami wymagającymi opieki.

Jeśli chciałbyś uczynić życie dzieci specjalnej troski łatwiejszym, skontaktuj się z nami w celu uzyskania dalszych informacji. Ta praca to stały wakat, dlatego nie ma określonej daty składania podań. Rozmowy kwalifikacyjne będą przeprowadzane regularnie. Proszę powołać się na odnośny numer referencyjny.

➡ Pensję w krajach anglosaskich podaje się w wymiarze rocznym brutto.
➡ Liczebnik 20,000 oznacza 20 tysięcy; przecinek w zapisie nie oddziela liczb całkowitych od dziesiętnych, lecz służy łatwiejszemu odczytywaniu tysięcy. Do oddzielania liczb całkowitych od ułamków dziesiętnych służy kropka, np. £7.56.

accompany – towarzyszyć
caseload – liczba spraw lub klientów przypadająca na jednego pracownika
cerebral palsy – porażenie mózgowe
challenging behaviour – nadpobudliwość
community support – wsparcie socjalne
disabled – niepełnosprawny
flexible – elastyczny
leisure (time) – czas wolny
provide care – zapewniać opiekę
relevant – odpowiednie, właściwe, istotne
respite – chwila wytchnienia
role model – wzorzec osobowościowy
up to date – na bieżąco
voluntary organisation – organizacje działające na zasadzie wolontariatu
whilst – podczas

Work with children and the elderly

Social worker

Employer: Lancaster Metropolitan Borough Council
Location: South Yorkshire
Salary: up to £20,000
Benefits: £7.66–£8.22 per hour

Create your own job caring for children and young people with disabilities and special needs! Perhaps you are studying for a career in social work or you have experience in community support or just want to work a few hours a week? We require Childcare Support Workers to provide care to children with disabilities and special needs aged between 4 and 19 years. The work is flexible, varied and stimulating. We want to provide children with practical support as well as be a role model to young people. You might:

• accompany children on trips to leisure centres, tourist attractions or even just a meal out
• supervise games and activities at Play Schemes or After School Clubs
• provide support, friendship and care for children whilst providing respite for family members.

You will have your own caseload to suit your needs working to meet the individual needs of children and young people with a range of disabilities including Autism, challenging behaviour, cerebral palsy and some medical conditions.

We will pay you £7.66–£8.20 per hour. Working hours can include evenings, school holidays and weekends. The work is organised by the Council's Children's Disability Health Team. You will work in partnership with others from schools, youth services, leisure, recreational and voluntary organisations. A relevant qualification not essential – training will be provided.

For further information please telephone Linda Wardson 0130 273 62 00.

> ➡ **What should I ask before I take up this job?**
> O co powinienem zapytać, zanim podejmę tę pracę?
> ➡ **Will I have a weekly schedule or will I be informed of my duties the day before?**
> Czy będę mieć tygodniowy plan, czy też będę informowany o moich obowiązkach z jednodniowym wyprzedzeniem?
> ➡ Praca w opiece społecznej wymaga cierpliwości i komunikatywnej znajomości języka angielskiego.

Praca z dziećmi i osobami starszymi

Opiekun/ka osób niepełnosprawnych

Pracodawca: Rada Gminy Lancaster Metropolitan
Lokalizacja: South Yorkshire
Pensja: do 20 tys. funtów
Stawka: 7,66–8,22 funta za godzinę

Stwórz sobie środowisko pracy i zaopiekuj się dziećmi i młodymi ludźmi specjalnej troski. Być może studiujesz na kierunku związanym z opieką socjalną, masz doświadczenie w opiece społecznej lub po prostu chcesz popracować kilka godzin w tygodniu? Potrzebujemy osób do opieki nad niepełnosprawnymi dziećmi w wieku od 4 do 19 lat. Praca jest urozmaicona i inspirująca, czas pracy elastyczny. Chcemy zapewnić dzieciom praktyczne wsparcie, a także stać się wzorcem osobowościowym dla młodych ludzi. Możesz:
• towarzyszyć dzieciom podczas wyjazdów do centrów wypoczynkowych i turystycznych lub podczas posiłków w restauracjach na mieście,
• nadzorować gry i zajęcia w ramach kółek pozalekcyjnych,
• zapewniać wsparcie, przyjaźń i opiekę dzieciom, a jednocześnie dać chwilę wytchnienia członkom ich rodzin.

Zgodnie ze swoimi możliwościami będziesz mieć pod opieką grupę dzieci i osób młodych z różnymi dysfunkcjami, takimi jak autyzm, nadpobudliwość, porażenie mózgowe lub inne schorzenia.

Płacimy od 7,66 do 8,22 funta za godzinę. Czas pracy może przypadać wieczorem, podczas ferii szkolnych lub w weekendy. Praca jest organizowana przez gminną grupę wsparcia dla dzieci specjalnej troski. Będziesz współpracować na zasadach partnerstwa z innymi osobami ze szkół i organizacji społecznych działających na zasadzie wolontariatu.

Odpowiednie kwalifikacje nie są wymagane – zapewniamy przeszkolenie.
W celu uzyskania dalszych informacji skontaktuj się z Lindą Wardson, tel. 0130 273 62 00.

associated with – związany z

challenging – wymagający, stawiający wyzwania

client care – opieka nad klientem

collection – odbieranie

commitment – oddanie, zobowiązanie

consideration – rozpatrywanie, rozważanie

delivery – dostawa

disability – niepełnosprawność

duty – obowiązek

efficient – wydajny

escorting – eskortowanie, towarzyszenie w drodze

following a six-month probation period – po upływie 6-miesięcznego okresu próbnego

impairment – upośledzenie

interval – odstęp czasu

mobility – ruch

mobility impairment – upośledzenie narządów ruchu

on a job-share basis – praca na zasadzie podziału etatu

permanent – stały

position – posada

probation period – okres próbny

pro rata – proporcjonalnie

provided – zapewniony

provision – zaopatrzenie

range from ... to ... – wahać się od... do...

retainer payment – wynagrodzenie za pozostawanie do dyspozycji

school term time – semestr szkolny

services – usługi

severe – poważny

split shift – system, w którym dzień pracy jest podzielony na kilka części

Work with children and the elderly

School Bus Driver

Employer: London Borough of Hillingdon Council
Location: London
Salary: up to £20,000

Hillingdon Transport Services require drivers to transport children to school at various locations on a split shift basis. These range from 20 hours to 36 hours per week during school term time only. A retainer payment is made for school holidays.

Consideration will be given to applicants wishing to work as a two-person team on a job-share basis. All the positions will be permanent following a six-month probation period. The work involves driving, escorting and delivery duties associated with the provision of passenger transport and associated services. This may involve the delivery of goods as well as the safe collection and transportation of clients, many of whom have mobility impairments and may have severe disabilities.

We are looking for people who can bring a high degree understanding of commitment and enthusiasm to these important and challenging driver positions to ensure that our clients receive a highly respected and efficient service. A full programme of training especially in client care will be provided. This is an ongoing vacancy and therefore there is no immediate closing date and interviews will be held at regular intervals.

Praca z dziećmi i osobami starszymi

Kierowca autobusu szkolnego

Pracodawca: Urząd Gminy Hillingdon, Londyn
Lokalizacja: Londyn
Pensja: do 20 tys. funtów

Przedsiębiorstwo Usług Transportowych w Hillingdon poszukuje kierowców, którzy będą dowozili dzieci do szkół w różnych dzielnicach na zasadzie dzielonego dnia pracy. Czas pracy wynosi od 20 do 36 godzin tygodniowo; tylko w czasie semestru. Zapewniamy wynagrodzenie za pozostawanie do dyspozycji w okresie ferii szkolnych.

Rozpatrywane będą podania osób chcących pracować w zespołach dwuosobowych na zasadzie podziału etatu. Po sześciomiesięcznym okresie próbnym oferujemy zatrudnienie na stałe. W zakres pracy wchodzi: prowadzenie pojazdu, pomoc przy wsiadaniu i wysiadaniu oraz obowiązki związane z obsługą pasażerów, z których wielu cierpi na dysfunkcję narządów ruchu lub inne poważne zaburzenia.

Poszukujemy osób, które z dużym zaangażowaniem i entuzjazmem podejdą do swoich obowiązków w tej ważnej, wiążącej się z dużymi wymaganiami, pracy na stanowisku kierowcy i zapewnią naszym klientom należny szacunek i sprawną obsługę. Zapewniamy pełne przeszkolenie, szczególnie w zakresie opieki nad klientem. Oferta pracy jest ważna bezterminowo, dlatego nie podajemy ostatecznej daty składania podań. Rozmowy kwalifikacyjne będą prowadzone w regularnych odstępach czasu.

appointment – zatrudnienie
busy – ruchliwy
exact – dokładny
in all weathers – niezależnie od pogody, w każdą pogodę
include – obejmować
midday – południe
on a term-time basis – w ciągu semestru szkolnego
opportunity – okazja, sposobność
prior – przed, przedtem
reliable – odpowiedzialny
rewarding – przynoszący satysfakcję
throughout – wszędzie
throughout Scotland – w całej Szkocji
turn up – przychodzić
warden – strażnik

Work with children and the elderly

Lollipop man/Lollipop lady

Employer: Aberdeen Borough Council
Location: Scotland
Salary: up to £20,000
Benefits: £5.93 per hour

Are you interested in the responsible, rewarding and worthwhile job of helping school children to cross busy roads on their journeys to and from school? We have opportunities for School Crossing Patrol Wardens at various locations throughout Scotland.

The exact hours of work can be agreed on prior to appointment and will include mornings and afternoons – working on a term-time basis. You will need to be punctual and reliable, turning up in all weathers to provide a safe crossing point for children. You should enjoy working with children. Full training and equipment will be provided. We welcome applicants up to and including 79 years of age. Please note that this vacancy closes at midday on the closing date.

Praca z dziećmi i osobami starszymi

Osoba przeprowadzająca dzieci przez ulicę

Pracodawca: Urząd Gminy, Aberdeen
Lokalizacja: Szkocja
Pensja: do 20 tys. funtów
Stawka: 5,93 funta za godzinę

Czy jesteś zainteresowany podjęciem odpowiedzialnej, satysfakcjonującej i ważnej pracy polegającej na pomaganiu dzieciom szkolnym w przechodzeniu przez ruchliwe ulice w drodze do i ze szkoły? Mamy oferty dla osób pomagających dzieciom na przejściach drogowych przy szkołach w różnych miejscach na terenie całej Szkocji.

Dokładne godziny pracy mogą być uzgodnione przed podpisaniem umowy o pracę; będzie to praca rano i po południu, w czasie semestru szkolnego. Trzeba być punktualnym i odpowiedzialnym oraz przychodzić niezależnie od pogody, tak aby zapewnić dzieciom bezpieczne przejście przez jezdnię. Powinieneś lubić pracę z dziećmi. Zapewniamy pełne przeszkolenie oraz sprzęt. Zapraszamy osoby do 79 roku życia włącznie. Uwaga: podania przyjmowane będą do godziny dwunastej daty wskazanej w ogłoszeniu.

➡ Praca w charakterze osoby przeprowadzającej dzieci przez ulicę nie wymaga poświęcenia dużej ilości czasu i umożliwia znalezienie jeszcze innego zajęcia, np. w restauracji czy w sklepie.

attitude – stosunek
care staff – personel
    opiekuńczy
communicate –
    komunikować się
environment – środowisko
laundry – pralnia, pranie
maintain – utrzymywać
personal care – osobista
    opieka
responsibility –
    odpowiedzialność
safe – bezpieczny
sense – poczucie

Work with children and the elderly

Care Assistant

Employer: Birmingham District Council
Location: Birmingham
Salary: up to £20,000

Working in our friendly residential home for elderly people, you will be helping to maintain a clean, safe and hygienic environment. This includes cleaning, kitchen duties, basic food preparation and laundry. You will also be assisting care staff with providing personal care to residents. You must have a caring attitude and a sense of responsibility. You need to be able to communicate with residents, staff and families and enjoy working as part of a team.

For further information contact Amelia Conradson on 0115 789 4327.

Praca z dziećmi i osobami starszymi

Pomoc w domu opieki

Pracodawca: Rejonowa Rada Birmingham
Lokalizacja: Birmingham
Pensja: do 20 tys. funtów

Pracując w naszym przyjaznym domu spokojnej starości, będziesz pomagać w utrzymywaniu czystości oraz bezpiecznych i higienicznych warunków. W zakres prac wchodzi: sprzątanie, obowiązki kuchenne, podstawowa pomoc w przygotowywaniu posiłków oraz pranie. Będziesz również pomagać personelowi opiekuńczemu w sprawowaniu osobistej opieki nad rezydentami domu. Powinny cię cechować: opiekuńczość i poczucie odpowiedzialności. Musisz być w stanie porozumiewać się z rezydentami i ich rodzinami oraz z pozostałym personelem, a także powinieneś lubić pracę w zespole.

Dalsze informacje – Amelia Conradson, tel. 0115 789 4327.

Questions worth asking:
Pytania, które warto zadać:
➡ **How many days a week am I supposed to work?**
Ile dni w tygodniu mam pracować?
➡ **How many hours a day will I be working?**
Ile godzin dziennie będę pracować?
➡ **Will I work shifts?**
Czy będę pracować w systemie zmianowym?
➡ **Is accommodation at the premises provided?**
Czy jest zapewnione zakwaterowanie na miejscu?

apply for – ubiegać się o
available – możliwy, dostępny
description – opis, tu: zakres obowiązków
dignity – godność
duration – czas trwania
independence – niezależność
liaising – współpraca
manner – sposób
ongoing – trwający, stały
pattern – schemat, wzór, wzorzec, układ
pension – emerytura, tu: zakwaterowanie
per annum – (łac.) rocznie, na rok
position – posada
previous – poprzedni
promote – pobudzać, promować
provided – zapewniony, zabezpieczony
related – związany
respect – szanować
supervisory – nadzorczy, tu: kierowniczy
wage – pensja (płatna tygodniowo)

Doctors and nurses

Nurse

Job title: Senior Care Assistant
Ref. No: SWA/13856
Location: Swadlincote
Hours: 38 hours per week, 5 days from 7, between 8 am – 8 pm
Wage: £11,600 per annum
Work pattern: days, evenings, weekends
Employer: Hilltop Lodge Nursing Home
Pension: pension available
Duration: permanent only

Description: Must have 3 years previous experience in a supervisory position in care or rehabilitation or in a medically related field like nursing or physiotherapy. Duties include supervising junior care staff, liaising with Manager, and all aspects of care for the residents in a manner that respects their privacy and dignity and promotes their independence. Ongoing training will be provided.

You can apply for this job by telephoning 01234 5544218 and asking for Mrs Jukes.

Uwaga!

➡ **salary** – pensja płatna co miesiąc, zwykle dotyczy pracowników umysłowych

➡ **wage** – pensja płatna co tydzień, zwykle dotyczy pracowników fizycznych

➡ **pension** – może oznaczać zarówno emeryturę, jak i zakwaterowanie

full pension – zakwaterowanie z pełnym wyżywieniem

half pension – zakwaterowanie z dwoma posiłkami dziennie (śniadanie i obiadokolacja)

Lekarze i pielęgniarki

Pielęgniarka

Nazwa stanowiska: starszy asystent opieki
Nr ref. SWA/13856
Lokalizacja: Swadlincote
Godziny: 38 godzin tygodniowo, 5 dni z 7, między 8.00
a 20.00
Pensja: 11 600 funtów rocznie
Schemat pracy: w ciągu dnia, wieczorem, w weekendy
Pracodawca: Dom Opieki w Hilltop Lodge
Zakwaterowanie: istnieje możliwość zakwaterowania
Okres zatrudnienia: praca stała

Zakres obowiązków: Wymagane jest trzyletnie doświadczenie
w pracy na stanowisku kierowniczym w dziedzinie opieki, reha-
bilitacji lub innej związanej z medycyną, takiej jak pielęgniarstwo
lub fizykoterapia. W zakres obowiązków wchodzi: nadzorowa-
nie młodszego personelu opiekuńczego, współpraca z dyrekcją
oraz wszystkie aspekty opieki nad rezydentami, w sposób gwa-
rantujący poszanowanie ich prywatności i godności oraz wspie-
ranie ich niezależności. Zapewniamy stałe szkolenia.

O posadę można się ubiegać telefonicznie pod numerem
01234 5544218. Prosić panią Jukes.

Questions worth asking:
Pytania, które warto zadać:
➡ **Am I to undergo the training in my spare time or is the
   duration of the training included in my working hours?**
   Czy czas szkolenia jest wliczony do czasu pracy, czy też szko-
   lenie odbywa się po godzinach?
➡ **Is it possible to work overtime?**
   Czy jest możliwość nadgodzin?
➡ **If so, how much will I be paid per hour?**
   Jeśli tak, ile dostanę za godzinę?
➡ **How much is the accommodation?**
   Jaki jest koszt zakwaterowania?

asap = as soon as possible
– jak najszybciej
cover a (temporary)
contract – (czasowo)
objąć stanowisko
detailed – szczegółowy
employment history –
historia zatrudnienia
experienced – doświadczony
further – dalszy
occasional – sporadyczny
operate – działać
permanent – stały
recruit – pozyskać pracownika, rekrutować
recruitment agency –
agencja rekrutująca
pracowników
temporary – czasowy,
tymczasowy
up-to-date – bieżący,
aktualny
within – w obrębie

Doctors and nurses

Dental Nurse

Recruiter: Staff Finders Ltd
Location: Glasgow
Salary: negotiable
Hours of work: Mon – Fri (occasional Saturday); 9.00 hrs –
17.30 hrs

We are currently looking to recruit an experienced dental nurse
to cover a temporary contract within the Patrick Area of Glasgow.

If you are interested in this vacancy please send an up-to-date
CV of your detailed employment history asap. For further
information please contact Staff Finders Ltd.

Staff Finders Ltd operates as a recruitment agency in providing
permanent job-seeking services and as a recruitment business in
providing temporary services.

Lekarze i pielęgniarki

Pielęgniarka stomatologiczna

Rekrutujący: Staff Finders Ltd
Lokalizacja: Glasgow
Pensja: do negocjacji
Czas pracy: pon.–pt. (czasami sobota) 9.00–17.30

Aktualnie prowadzimy rekrutację na stanowisko pielęgniarki stomatologicznej na terenie Patrick Area w Glasgow; umowa na czas określony.

Osoby zainteresowane wakatem proszone są o jak najszybsze przesłanie aktualnego CV z wyszczególnieniem dotychczasowego zatrudnienia. W celu uzyskania dalszych informacji prosimy o skontaktowanie się z agencją Staff Finders Ltd.

Staff Finders Ltd działa jako agencja rekrutacyjna zapewniająca pomoc w poszukiwaniu stałej pracy oraz jako firma oferująca usługi czasowe.

What should I ask when I phone them?
O co powinnam zapytać, gdy do nich zadzwonię?
➡ **How long does the contract last?**
Na ile czasu zostanie zawarta umowa?
➡ **Is it possible to find a permanent job as a dental nurse in the neighbourhood?**
Czy jest możliwość znalezienia stałej pracy w charakterze pielęgniarki stomatologicznej w tej okolicy?

● ●

ability – zdolność, możliwość
commit – zobowiązać (się)
general case – ogólny przypadek
GMC: General Medical Council – Generalna Rada Lekarska
GP: General Practitioner – lekarz ogólny
indemnity – ubezpieczenie od odpowiedzialności
insurance – ubezpieczenie
mix – mieszanka, kombinacja
preference – preferencja
register – rejestr
require – wymagać

Doctors and nurses

Plastic Surgeon

Location: UK
Recruiter: JobDoctorAgency
Salary: negotiable

Plastic surgeons are required to work in hospitals across the UK. We prefer surgeons who have the ability to work with a general case mix within Cosmetic Surgery and can commit to a minimum of 10 days per month every month.

You must hold FULL GMC registration along with Specialist Registration. You will be required to have Professional Indemnity Insurance.

➡ From April 2006, all doctors working in General Practice in the Health Service in the UK are required to be on the GP register.

➡ More information www.gmc-uk.org/doctors.

Lekarze i pielęgniarki

Chirurg plastyczny

Lokalizacja: Zjednoczone Królestwo
Agencja pośrednictwa pracy: JobDoctorAgency
Pensja: do negocjacji

Poszukujemy chirurgów plastycznych do pracy w szpitalach na terenie Zjednoczonego Królestwa. Preferowani będą chirurdzy zdolni do pracy przy ogólnych przypadkach w połączeniu z chirurgią kosmetyczną, mogący zobowiązać się do pracy przez przynajmniej 10 dni każdego miesiąca.

Osoby zainteresowane muszą mieć pełną rejestrację GMC wraz z rejestracją specjalistyczną. Wymagane jest posiadanie ubezpieczenia od odpowiedzialności zawodowej.

➡ Począwszy od kwietnia 2006 r., wszyscy lekarze medycyny ogólnej pracujący w służbie zdrowia Zjednoczonego Królestwa muszą być zarejestrowani w rejestrze lekarzy.

➡ Więcej informacji na stronie <u>www.gmc-uk.org/doctors</u>.

29

according to – zgodnie z
administration – dokumentacja
appropriate – odpowiedni
be committed – być oddanym
comply with – stosować się do, odpowiadać czemuś
continuous – ciągły, stały, ustawiczny
delivery – dostarczanie
maintain – utrzymywać
midday - południe
participate – brać udział
practice – praktyka
quality service – obsługa, usługa najwyższej jakości
safety – bezpieczeństwo
vacancy – wakat
within – w ramach

Sport & fitness

Swimming teacher

Employer: Warwick Borough Council
Location: United Kingdom
Salary: up to £20,000
Benefits: full qualifications: £11.55 per hour;
   part qualifications: £9.32 per hour

You will work within a team of highly motivated staff and support the successful operation of Walsall Council's Atlantis Swim School. You will be working for an organisation that is committed to providing a quality service. The successful applicants will be responsible for the delivery of swimming instruction according to approved governing body standards and complete all associated administration to enable the effective operation of the swimming programme. You will comply with all relevant health and safety procedures and practices and maintain good communication with customers, the centre management and instructor team and participate in continuous development activities. An appropriate swimming teacher governing body qualification is required. For an informal discussion please contact Mr Paul Smith on 01922 5643007. Closing date: 31st March 2007. Please note that this vacancy closes at midday on the closing date.

Sport i fitness

Instruktor/ka pływania

Pracodawca: Urząd Gminy Warwick
Lokalizacja: Zjednoczone Królestwo
Pensja: do 20 tys. funtów
Stawka: pełne kwalifikacje: 11,55 funta za godzinę;
niepełne kwalifikacje: 9,32 funta za godzinę

Będziesz pracować w zespole o wysokiej motywacji oraz będziesz wspierać skuteczną działalność Szkoły Pływania Atlantis. Będziesz zatrudniony w firmie, której naczelną zasadą jest świadczenie usług na najwyższym poziomie. Zakwalifikowani kandydaci będą odpowiedzialni za naukę pływania (zgodnie z normami ustalonymi przez właściwe władze) oraz za wypełnianie związanej z tym dokumentacji w celu efektywnej realizacji programu pływania. Będziesz zobowiązany do stosowania się do obowiązujących procedur bhp oraz do podtrzymywania dobrej komunikacji z klientami, dyrekcją centrum oraz z zespołem instruktorów, jak również do uczestniczenia w stałych szkoleniach doskonalących. Wymagane jest posiadanie odpowiednich kwalifikacji instruktorskich uznanych przez odnośne władze. W celu odbycia niezobowiązującej rozmowy skontaktuj się z Paulem Smithem pod nr tel. 01922 5643007. Ostateczny termin składania podań upływa w południe 31 marca 2007 r.

➡ **How do I obtain the qualification certificate?**
Jak otrzymać certyfikat potwierdzający kwalifikacje?
➡ **Where to apply?**
Gdzie się zwrócić?
➡ **Will I have to participate in development activities in my spare time or will that be included in my working hours?**
Czy będę musiał uczestniczyć w treningach w ramach swojego wolnego czasu, czy też będzie to wliczone w czas pracy?
➡ **Will I work shifts or fixed hours?**
Czy będę pracował w systemie zmianowym, czy też będę miał stałe godziny pracy?

appropriate – właściwy
assist – pomagać
borough – dzielnica
ensure – zapewniać,
  zabezpieczać
level – stopień, poziom
**NVQ: National Vocational
  Qualification** –
  państwowy certyfikat
  potwierdzający
  kwalifikacje zawodowe
supervise – nadzorować

Sport & fitness

Sport & Fitness Instructor

Location: Hampton
Salary: up to £20,000
Benefits: £7.34 plus £0.65 annual leave allowance per hour

We are looking to recruit staff to work at our Borough Sport & Fitness Centre at Hampton. You will assist with the preparation of facilities, ensuring safety of children and equipment used; supervise activities as appropriate (subject to qualifications). Applicants must have previous experience of working with children, ideally on activity camps, play schemes etc. You will ideally have an NVQ Level 2 Play qualification (or be working towards this) or similar.

➡ What are NVQs?
  National Vocational Qualifications (NVQs) are work-related qualifications, based on national occupational standards. They prove the holder of the certificate has the skills and knowledge needed to do a job effectively and is competent in the area of work the NVQ represents. There are five levels of NVQs, representing the competence required to do a job.

➡ More information about the levels and how to apply:
  http://www.qca.org.uk/14-19/qualifications/index_nvqs.htm.

Sport i fitness

Instruktor/ka w centrum sportowo-rekreacyjnym

Lokalizacja: Hampton

Pensja: do 20 tys. funtów brytyjskich

Stawka: 7,34 funta plus 0,65 funta za godzinę – dieta urlopowa

Poszukujemy personelu do naszego Dzielnicowego Centrum Sportowo-Rekreacyjnego w Hampton. Osoba zatrudniona będzie uczestniczyła w przygotowywaniu obiektu i dbała o bezpieczeństwo dzieci oraz wykorzystywanego sprzętu sportowego, będzie również nadzorowała zajęcia stosownie do posiadanych kwalifikacji. Wymagane doświadczenie w pracy z dziećmi, najlepiej nabyte na obozach sportowych i poprzez organizację zajęć ruchowych dla dzieci itp. Pożądane posiadanie certyfikatu NVQ stopnia 2. w zakresie zajęć ruchowych dla dzieci (lub aktualne staranie się o ten certyfikat) albo podobnego dokumentu.

➡ Czym są certyfikaty NVQ?

Państwowe certyfikaty potwierdzające kwalifikacje zawodowe są oparte na państwowym systemie standardów zawodowych i związane z wykonywaną przez kandydata pracą. Certyfikaty te poświadczają wiedzę i umiejętności niezbędne do wykonywania danego zawodu oraz kompetencje w danej dziedzinie. Certyfikaty NVQ są wydawane na pięciu poziomach, w zależności od posiadanych przez kandydata kwalifikacji.

➡ Więcej informacji znajdziesz na stronie
http://www.qca.org.uk/14-19/qualifications/index_nvqs.htm.

accept – akceptować
approach – podejście
assessment – ocena
busy – ruchliwy
conduct – prowadzić
cover for sb – zastępować kogoś
ethic – etyka
flexible – elastyczny
foreign – zagraniczny
lifeguard – ratownik
locally – na miejscu
maternity leave – urlop macierzyński
NPLQ: The National Pool Lifeguard Qualification – państwowy certyfikat kwalifikacji ratownika basenowego
principle – zasada
recognize – uznawać, honorować
reliable – niezawodny, odpowiedzialny
rescue – ratować
supervision – nadzór
swimming pool – basen pływacki
temporary – czasowy
unit – jednostka, część, stopień
valid – ważny, aktualny

Sport & fitness

Lifeguard

Employer: Leisure Centre
Location: Luton
Pay: £7/hr

Temporary Lifeguard required for a busy Leisure Centre to cover for someone on maternity leave. You will be working 40 hours a week. You need to hold a valid NPLQ. We will not accept foreign qualifications. You must have a flexible approach to work and a strong work ethic. No experience required but you must be a reliable team player.

You will be required to work shifts so candidates must live locally in Luton.

Please call Anne on 0207 543 225 122 or send your CV to anne_b@leisureweb.com.

➡ What is the NPLQ?
The National Pool Qualification (NPLQ) is accepted by swimming pools in the UK and Ireland and is recognized internationally. Training and assessment for the NPLQ is conducted in two units:
Unit 1 – The Principles of Lifesaving Pool Supervision
Unit 2 – The Application of Supervision and Rescue in a Swimming Pool.

➡ More information on page
http://www.lifesavers.org.uk/iql/iqlandnplq.htm.

Sport i fitness

Ratownik

Pracodawca: Centrum Sportowo-Rekreacyjne
Lokalizacja: Luton
Wynagrodzenie: 7 funtów za godzinę

Poszukujemy ratownika – na czas określony – do popularnego ośrodka sportowo-rekreacyjnego na zastępstwo za osobę przebywającą na urlopie macierzyńskim. Praca w wymiarze 40 godzin tygodniowo. Kandydat/ka musi posiadać ważny certyfikat NPLQ. Nie uznajemy certyfikatów zagranicznych. Kandydat/ka musi mieć elastyczny stosunek do pracy i cechować się wysoką etyką zawodową. Nie wymagamy doświadczenia, ale oczekujemy umiejętności pracy w zespole.

Praca w systemie zmianowym, w związku z tym kandydaci / kandydatki muszą mieszkać na terenie Luton.

Skontaktuj się z Anne, tel. 0207 543 225 122, lub wyślij swoje CV na adres anne_b@leisureweb.com.

➡ Czym jest NPLQ?
Państwowy certyfikat kwalifikacji ratownika basenowego (NPLQ) jest akceptowany na basenach zarówno na terenie Zjednoczonego Królestwa i Irlandii, jak i za granicą. Szkolenie i egzamin na NPLQ składa się z dwóch części:
część 1 – zasady nadzoru basenowego,
część 2 – praktyczne stosowanie nadzoru i ratownictwa basenowego.

➡ Więcej informacji na stronie
http://www.lifesavers.org.uk/iql/iqlandnplq.htm.

at all times – przez cały czas
bonus – dodatek
customer-oriented – dbający o klienta
deal – załatwiać sprawy
enjoy – lubić
outgoing – otwarty na ludzi, kontaktowy
payment – płaca
personality – osobowość
polite – uprzejmy
provide – gwarantować, zapewniać
shift work – praca na zmiany
valid – ważny

Hotelling

Hotel Receptionist

Location: Dublin
Payment: €20,000

A 3*hotel in Dublin is currently seeking to recruit a Hotel Receptionist.

Requirements include:
- must be polite and very customer-oriented, providing a high standard of customer service at all times
- must have some customer service experience and enjoy dealing with the general public
- must have the ability to work well with other people
- must be very well presented, have a friendly, outgoing personality
- shift work and weekends will be required (shifts are: 7 am – 3 pm, or 3 pm – 11 pm, 5/7 days
- one year previous experience in a hotel environment
- must have fluent English
- must hold a valid work permit

Package:
- €20,000 basic salary plus hotel bonus
- Uniform included, staff discount, meals whilst on duty

For further information please contact Ms Jenny Bowler on 47880654.

Hotelarstwo

Recepcjonist(k)a w hotelu

Lokalizacja: Dublin
Wynagrodzenie: 20 tys. euro

Trzygwiazdkowy hotel w Dublinie poszukuje recepcjonisty hotelowego / recepcjonistki hotelowej.

Wymagania:
- wysoka kultura osobista, dbałość o klienta, nieustanna gotowość do świadczenia usług na najwyższym poziomie,
- doświadczenie w obsłudze klienta i satysfakcja z pracy z klientami,
- umiejętność współpracy z innymi członkami zespołu,
- nienaganna prezencja oraz przyjazna, otwarta na innych osobowość,
- gotowość do pracy w systemie zmianowym oraz w weekendy (zmiany: 7.00–15.00 oraz 15.00–23.00, pięć dni w tygodniu),
- rok doświadczenia w hotelarstwie,
- płynna znajomość języka angielskiego,
- ważne zezwolenie na pracę.

Pakiet świadczeń:
- 20 tys. euro pensji podstawowej plus dodatek hotelowy,
- strój służbowy, zniżka dla personelu, posiłki w godzinach pracy.

W celu uzyskania dalszych informacji prosimy o skontaktowanie się z panią Jenny Bowler, tel. 47880654.

accordingly – odpowiednio
advancement – awans
allocate – przydzielać
attitude – stosunek do
balance – bilansować
call – rozmowa telefoniczna
check in – wprowadzać, zameldować
competitive – konkurencyjny
depending – zależnie
detail – szczegół
enter – wprowadzać
extra – dodatkowy, nadprogramowy
float – płynność
housekeeper – zarządca hotelu
liaise – współpracować, działać w porozumieniu
manners – sposób, maniery
message – wiadomość
move – ruch
occur – zdarzać się
ongoing – ustawiczny
passed on – przekazane
query – zapytanie
receipt – rachunek, pokwitowanie
relevant – istotny
requests – wymagania
sound – solidny
stay – pobyt
switchboard – centrala telefoniczna
throughout – przez cały czas

Hotelling

Hotel Receptionist

Location: Birmingham
Payment: depending on experience

The Hoghart Hotel are looking for an experienced hotel receptionist to join our front office team.

Roles & Responsibilitiess
* To answer the switchboard in a friendly and professional manner
* To deal with all calls accordingly ensuring all messages are passed on
* To take reservations and enter bookings into the system
* To allocate guest rooms and check guests in
* To liaise with the housekeeper throughout the course of the shift informing them of room moves, special requests etc and so ensure no problems occur
* To assist guests with any queries throughout their stay
* To check guests out ensuring bills are paid and receipted correctly
* To balance cash and bills at the end of each shift. To be responsible for the float while on duty
* To keep the desk clean and tidy

Candidates should
* have at least one year experience as a hotel receptionist;
* be able to work as part of the team on their own initiative;
* have an eye for detail;
* have excellent communication, organisational and interpersonal skills;
* have sound PC skills, with knowledge of Fidelio;
* be self-motivated, with a can-do attitude.

We offer a competitive salary, meals on duty, ongoing training and excellent opportunities for advancement with the hotel. Please apply online with cover letter stating relevant experience and qualifications.

Hotelarstwo

Recepcjonist(k)a w hotelu

Lokalizacja: Birmingham
Wynagrodzenie: zależnie od doświadczenia

Hotel Hoghart poszukuje recepcjonisty / recepcjonistki z doświadczeniem do pracy w zespole obsługi klienta.

Zadania i obowiązki:
- Kulturalna i profesjonalna obsługa centrali telefonicznej.
- Właściwe odpowiadanie na telefony i dokładne przekazywanie wszystkich informacji.
- Przyjmowanie i wprowadzanie rezerwacji do systemu.
- Przydzielanie pokoi i meldowanie gości.
- Współdziałanie z zarządcą hotelu podczas trwania zmiany, informowanie o zajmowaniu i zwalnianiu pokoi, o specjalnych życzeniach ze strony gości itd., tak aby zapobiec problemom.
- Odpowiadanie na wszelkie pytania gości w czasie ich pobytu.
- Wymeldowywanie gości, dopilnowywanie płatności i poprawnego fakturowania.
- Bilansowanie gotówki i rachunków na zakończenie zmiany, odpowiedzialność za płynność kasy podczas zmiany.
- Utrzymywanie ładu i porządku na biurku.

Oczekiwania:
- Co najmniej rok doświadczenia w pracy jako recepcjonist(k)a.
- Zdolność do pracy w zespole, wykazywanie się inicjatywą.
- Przywiązywanie wagi do szczegółów.
- Wysoka komunikatywność, umiejętności organizacyjne i zdolności interpersonalne.
- Solidna znajomość PC, umiejętność obsługi programu Fidelio.
- Silna motywacja i pozytywny stosunek do pracy.

Oferujemy konkurencyjne wynagrodzenie, posiłki w czasie pracy, ustawiczne szkolenia i wspaniałe możliwości awansu.
Prosimy o przesyłanie aplikacji drogą internetową wraz z listem motywacyjnym uwzględniającym posiadane doświadczenie i odpowiednie kwalifikacje.

Example adverts

lead – przewodzić
leading – przodujący
hire – wynająć, zatrudnić
require – wymagać
broad – szeroki
range – zakres
skills – umiejętności
capability – możliwość, zdolność do czegoś
background – tło, zaplecze, przygotowanie, wykształcenie
management – zarządzanie
experience – doświadczenie
proactive – aktywny, entuzjastyczny
thinker – osoba myśląca, myśliciel
officer – oficer, urzędnik, pracownik biurowy
community – społeczność
root – korzeń
root cause – pierwotna przyczyna, źródło problemu
resolve – rozwiązywać (problem)
issue – problem, sprawa, zadanie
knowledge – wiedza
encryption – szyfrowanie
ability – zdolność
therein – tamże
ASAP (asap) = as soon as possible – jak najszybciej
report – raportować

Other professions

IT Specialist

Location: London
Salary: £55,000–£65,000

Leading investment bank is looking to hire an experienced Information Security Analyst/Consultant for its Pan-European information security group based in the City. The role requires a broad range of skills including a strong technical capability, an excellent information security background and project management experience.

The bank are looking for a proactive and original thinker who can look beyond the symptomatic issues reported by local security officers and the IT community, identify their root causes and deliver changes to resolve these issues.

CISSP qualification is useful, or the membership of a professional security organisation. Experience in providing information security risk management is useful, especially in an investement bank. Technically you will require a broad knowledge of information security technology and methodologies, including for example BS7799/Web Server security/Firewalls/networks/encryption/PKI/TCP/IP/Unix/Windows etc and a strong ability to identify issues and opportunities for improvement therein.

If this sounds like you please, send your CV ASAP.

What does *CISSP* mean?
Co znaczy *CISSP*?
➡ **CISSP – Certified Information System Security Professional**
licencjonowany profesjonalista od systemów zabezpieczeń informacyjnych
➡ **To become a CISSP, you must have at least three full years of experience in the information systems security and pass the relevant exam.**
Żeby zostać CISSP, musisz mieć przynajmniej trzy lata doświadczenia w pracy w dziedzinie zabezpieczeń informacyjnych i zdać odpowiedni egzamin.

Inne zawody

Specjalist(k)a w zakresie techniki informacyjnej

Lokalizacja: Londyn
Pensja: 55 tys.–65 tys. funtów

Przodujący bank inwestycyjny poszukuje doświadczonego analityka / konsultanta w dziedzinie zabezpieczeń informacyjnych do swojej paneuropejskiej grupy zabezpieczeń systemów z siedzibą w City. Stanowisko to wymaga szerokiego zakresu umiejętności: wyjątkowych zdolności technicznych, doskonałego przygotowania w dziedzinie zabezpieczeń informacyjnych oraz doświadczenia w zarządzaniu projektami.

Bank poszukuje osoby dynamicznej i oryginalnie myślącej, która potrafi: spojrzeć ponad symptomatyczne problemy zgłaszane przez lokalnych specjalistów od zabezpieczeń oraz użytkowników technologii informacyjnej, identyfikować źródła problemów i wprowadzać niezbędne zmiany w celu ich rozwiązania.

Pożądane będą kwalifikacje CISSP lub członkostwo w profesjonalnej organizacji w zakresie systemów zabezpieczeń. Przydatne będzie doświadczenie w kierowaniu systemami zabezpieczeń, zwłaszcza w banku inwestycyjnym. W pracy potrzebna będzie rozległa wiedza z zakresu techniki i metodologii zabezpieczeń systemów informacyjnych, włączając w to na przykład BS7799/ bezpieczeństwo serwerów www/zapory sieciowe/ sieci/ szyfrowanie/ PKI/TCP/IP/ Unix/Windows itd., a także doskonała umiejętność identyfikowania problemów oraz możliwości wprowadzenia stosownych udoskonaleń.

Jeśli ta oferta wydaje ci się interesująca, prześlij jak najszybciej swoje CV.

➡ **More information on CISSP on website**
Więcej informacji na temat CISSP na stronie
www.insight.co.uk/training/certification/cissp.htm.

affordable – przystępny
alongside – razem z
CAD = Computer Assisted Design – projektowanie wspomagane komputerowo
current – bieżący, aktualny
diverse – różnorodny
first degree – licencjat
input – wkład
landscape – krajobraz
provide – dostarczać
provision – zaopatrywanie, zapewnianie
quality – (wysoka) jakość
recruit – prowadzić nabór
rural – wiejski
sustainable – trwały

Other professions

Landscape architect

Recruiter: WY Recruitment Services
Salary: £18,000 to £25,000 per year
Location: Yorkshire

Our client is an international company which provides a broad range of integrated planning, management and environmental services while providing clients with sustainable and affordable solutions. The company requires a Landscape Architect to assist with a diverse range of projects including rural landscapes, major infrastructure projects and historic landscapes, working alongside other professionals in a multi-discipline office.

You will be assisting in the provision of quality and cost effective project services provided by the company, working within one or more project teams to provide landscape project work of a high technical quality.

You will work with individual members of the CAD support team, provide input to preparation of proposal material, take an active role in team meetings, office management and occasionally attend meetings out of office hours.

You must hold a 1st Degree in Landscape Architecture and a current UK driving licence.

Inne zawody

Architekt krajobrazu

Agencja pośrednictwa pracy: WY Recruitment Services
Pensja: 18 tys.–25 tys. funtów rocznie
Lokalizacja: Yorkshire

Naszym klientem jest międzynarodowa firma zajmująca się szeroko pojętym planowaniem zintegrowanym, zarządzaniem i kształtowaniem środowiska, dostarczająca klientom trwałe rozwiązania po przystępnej cenie. Firma poszukuje architekta krajobrazu do współpracy z innymi specjalistami w multidyscyplinarnym biurze przy różnorodnych projektach, takich jak architektura krajobrazu wiejskiego, duże projekty infrastrukturalne oraz kształtowanie otoczenia obiektów historycznych.

Będziesz współpracować przy opracowywaniu wysokiej jakości ekonomicznych usług projektowych świadczonych przez firmę, w ramach jednego lub kilku zespołów wykonujących bardzo dobre technicznie projekty z dziedziny architektury krajobrazu.

Będziesz współpracować z poszczególnymi członkami grupy wsparcia CAD, wnosić wkład w prace przygotowawcze nad proponowanym materiałem oraz aktywnie uczestniczyć w zebraniach zespołów, w organizacji biura, a czasem także w spotkaniach po godzinach pracy.

Musisz posiadać licencjat w dziedzinie architektury krajobrazu oraz ważne brytyjskie prawo jazdy.

accounting – księgowość
advisory – doradczy
background – doświadczenie, zaplecze
commercial – handlowy
committed – oddany
essential – zasadniczy, istotny
established – z ugruntowa-
ną pozycją
expand – rozwijać się
interpersonal skills – umiejętności interpersonalne
manage – zarządzać
permanent – stały
practice – praktyka, działalność
progression – awans,
wzrost
prospects – perspektywy
residency – rezydencja,
miejsce stałego pobytu
services – usługi
staff – personel
varied – zróżnicowany

Other professions

Accountant

Recruiter: Brainwaves Public Practice Recruitment
Job code: 87694/07
Contract type: permanent
Job type: qualified
Residency: must have EU residency
Location: New Hampton
Salary: negotiable

Job description: A practice opportunity for a qualified ACCA with an established firm. You will be involved in dealing with the accounting problems for owner managed business, managing clients directly and supervising junior staff. Your job will include an audit element but will be varied in providing business advisory services to clients and there will be considerable client contact. You will be encouraged to continually develop your commercial and interpersonal skills. An opportunity to join an expanding firm offering prospects for the future progression and involvement in other areas of business advisory work.

Requirements:
• Practice experience dealing with owner managed businesses
• Must have the ability to manage clients and junior staff
• Must have the drive and enthusiasm to be part of a committed team in driving the firm forward
• Being ACCA qualified is essential with a Public Practice background

The successful candidate will have at least four years practice experience in dealing with the audit and accounting requirements for Owner Managed Businesses and be looking for career progression.

➡ Dodatkowe informacje w języku polskim na temat ACCA na stronie: www.wszib.edu.pl/acca/.

Inne zawody

Księgowa, księgowy

Rekrutujący: Brainwaves Public Practice Recruitment
Kod etatu: 87694/07
Rodzaj umowy: na czas określony
Rodzaj pracy: wymagająca kwalifikacji
Miejsce zamieszkania: konieczność stałego zamieszkania na terenie Unii Europejskiej
Lokalizacja: New Hampton
Pensja: do negocjacji

Opis pracy: Możliwość pracy dla wykwalifikowanego księgowego (ACCA) w firmie o ugruntowanej pozycji. Do twoich zadań będzie należało: rozwiązywanie problemów w księgowości w firmie zarządzanej przez właściciela, bezpośrednia obsługa klientów i sprawowanie nadzoru nad personelem niższego szczebla. Praca będzie zawierała elementy audytu i będzie zróżnicowana – będziesz zajmował się doradztwem biznesowym dla klientów, w związku z czym będziesz miał stosunkowo dużo kontaktów z klientami. Będziesz zachęcany do stałego podnoszenia umiejętności handlowych i interpersonalnych. Jest to okazja do dołączenia do prężnie rozwijającej się firmy, oferującej możliwości osobistego rozwoju i awansu oraz uczestnictwa w innych dziedzinach doradztwa biznesowego.

Wymagania:
• Doświadczenie w pracy w firmach zarządzanych przez właściciela.
• Umiejętność współpracy z klientami i zarządzania personelem niższego szczebla.
• Motywacja i entuzjazm, aby stać się członkiem zaangażowanego zespołu dążącego do rozwoju firmy.
• Niezbędne posiadanie kwalifikacji ACCA oraz doświadczenie w pracy w firmie księgowej.

Wybierzemy osobę z co najmniej czteroletnim doświadczeniem w prowadzeniu audytu oraz znajomością zasad księgowości w firmach zarządzanych przez właściciela, zainteresowaną rozwojem zawodowym.

according to – zgodnie z
asap = as soon as possible – jak najszybciej
cabin crew – załoga pokładowa
complete – ukończyć
conduct – prowadzić
currently – aktualnie
dependable – niezawodny
fix term contract – umowa na czas określony
flight attendant – steward/ /esa
intake – nabór
onboard – na pokładzie
per annum – rocznie
probation period – okres próbny
provide – dostarczać, zapewniać
route – trasa
team-oriented – umiejący pracować w grupie
unlimited – nieograniczony

Other professions

Flight attendant

Recruiter: CabinCrewCareer

We are currently looking for flight attendants willing to fly onboard Cleanair Airways aircraft at one of Cleanair Airways' 23 European bases. Successful candidates will be offered a place on a six-week training course. All candidates who successfully complete the course will be offered a fixed term contract with CabinCrewCareer, who provide contract cabin crew to Cleanair Airways. After the 12-month probation period you will be offered a three-year contract.

Salary: €18,000–€21,000 per annum

Benefits:
- unlimited travel on all Cleanair Airways routes at staff rates
- 29 days of paid holidays per year
- excellent career opportunities
- uniforms

Requirements:
- excellent communication and interpersonal skills
- experience in a customer service environment
- must be hard-working, flexible, dependable and team-oriented
- must be over 18 years of age, between 1.57 m – 1.85 m tall, proportionally built
- must be fit and in good health, able to swim
- fluent in English (spoken and written)
- knowledge of other languages will be an asset
- possession of a valid EU passport

Recruitment is conducted according to operational needs and there may be periods of time where no new intake is required. However, applications are always welcomed.
Send us your CV and a cover letter asap.

Inne zawody

Steward/esa

Firma rekrutująca: CabinCrewCareer

Aktualnie poszukujemy kandydatów do pracy na pokładach samolotów linii Cleanair Airways w jednej z naszych 23 baz na terenie Europy. Wybranym kandydatom oferujemy miejsce na sześciotygodniowym kursie szkoleniowym. Wszystkim, którzy ukończą kurs z wynikiem pozytywnym, zaoferujemy pracę na umowę na czas określony z firmą CabinCrewCareer zajmującą się rekrutacją personelu pokładowego dla linii Cleanair Airways. Po dwunastomiesięcznym okresie próbnym oferujemy kontrakt trzyletni.

Pensja: 18 tys.–21 tys. euro rocznie

Pakiet świadczeń:
- podróże bez ograniczeń na wszystkich trasach Cleanair Airways według stawek dla personelu;
- 29 dni płatnego urlopu rocznie;
- wspaniałe możliwości kariery;
- strój służbowy.

Wymagania:
- wysoka komunikatywność i zdolności interpersonalne;
- doświadczenie w obsłudze klienta;
- pracowitość, elastyczność, niezawodność, umiejętność pracy w zespole;
- wiek ponad 18 lat, wzrost 1,57–1,85 m, proporcjonalna budowa ciała;
- dobra kondycja fizyczna, dobry stan zdrowia, umiejętność pływania;
- płynna znajomość języka angielskiego (w mowie i piśmie);
- znajomość innego języka będzie atutem;
- ważny paszport jednego z krajów Unii Europejskiej.

Rekrutacja prowadzona jest zgodnie z aktualnymi potrzebami operacyjnymi. Może się zdarzyć, że okresowo nie będzie potrzeby prowadzenia naboru. Jednakże zgłoszenia są zawsze mile widziane.
Przyślij nam jak najszybciej swoje CV i list motywacyjny.

available – dostępny, wolny
casual work – praca dorywcza
cleaning – sprzątanie
from ... onwards – po-
  cząwszy od...
midday – południe
provided – zapewniony
services – usługi

Other jobs

Cleaning person

Employer: Warwick Cleaning Services
Location: United Kingdom
Salary: up to £20,000
Benefits: £6.08 per hour

If you are available to work early morning 06.00–08.00 or after-noons from 15.30 onwards, we would like to hear from you. Casual cleaning work is always available in schools, libraries, council offices, community centres etc., in most areas of the United Kingdom. Flat cleaning work is also available between the hours of 08.00–13.00. Uniform provided. No experience is necessary as full training is provided.

Apply to Mrs J. Smith, Warwick Cleaning Services till 11 March 2007.

Please note that this vacancy closes at midday on the closing date.

Inne zawody

Sprzątacz/ka

Pracodawca: Warwick Cleaning Services
Lokalizacja: Zjednoczone Królestwo
Pensja: do 20 tys. funtów
Stawka: 6,08 funta za godzinę

Jeśli możesz pracować wcześnie rano między 6.00 a 8.00 lub po południu od 15.30, skontaktuj się z nami. Praca dorywcza przy sprzątaniu szkół, bibliotek, biur gminnych i gminnych domów kultury na prawie całym obszarze Zjednoczonego Królestwa. Istnieje również możliwość pracy przy sprzątaniu mieszkań w godzinach 8.00–13.00. Zapewniamy ubranie robocze. Doświadczenie nie jest wymagane – zapewniamy pełne przeszkolenie.

Podania należy składać do pani J. Smith, Warwick Cleaning Services, do 11 marca 2007 r. Uwaga: oferta pracy wygasa o godzinie dwunastej dnia podanego w ogłoszeniu.

What should I ask the employer before I apply?
O co warto zapytać pracodawcę przed złożeniem podania?
➡ **Is the training free of charge or do I have to pay for it?**
 Czy szkolenie jest bezpłatne, czy też muszę za nie zapłacić?
➡ **If so, how much is it?**
 Jeśli tak, to ile wynosi opłata?
➡ **How long does the training last?**
 Jak długo trwa szkolenie?

achievement – osiągnięcie
attach – załączać
attention – uwaga
cheat – oszukiwać
complete – ukończyć
current – aktualny
discover – odkryć
embarrased – zakłopotany
employer – pracodawca
enable – umożliwiać
entry – zapis
give up – zaprzestać, zrezygnować
heading – nagłówek
HR officer – pracownik działu personalnego
impress – zrobić wrażenie
irrelevant – nieistotny
layout – układ graficzny, rozkład
lies – kłamstwa
overcrowd – przepełniać, zagracać
referee – osoba udzielająca referencji
template – szablon
split – łamać, dzielić

How to write your CV

First impression
Since your CV is your first and probably only chance to catch the attention of an HR officer, make sure it makes a good impression and works for you at first glance. Don't overcrowd your CV with irrelevant information. If a prospective employer has to spend more than a few seconds to go through your CV, they might give up reading it at all. Yet if you have many achievements, you can write your CV even on three pages, provided the layout is appropriate.

No cheating
Trying to impress your future employer by cheating on your CV is not a good idea. You may be embarrased during the interview and your lies will be discovered. Your chances to get that job will be next to zero.

References
It is useful to give references from your previous employers. Yet you must be careful and had better check with the referees before using their names. Some of them may not have liked you. The best person to use as a referee is your current employer or if you completed your studies recently your university tutor.

Layout
The best way to write your CV is using the Europass CV template. The Europass CV replaced the European CV in 2002. The Europass CV enables you to clearly show your skills and qualifications as well as your work experience. Other Europass documents can be easily attached to the Europass CV. Use short sentences. Do not split an entry under one heading over two pages.
Print your CV on white paper. For more information go to http://europass.cedefop.europa.eu.

Let someone read your CV
And last but not least, have someone read your CV. This way you will find out how long it takes to read it and if you wrote everything clearly. Remember, you will not be there when your potential employer will be reading it!

Jak napisać CV

Pierwsze wrażenie

Ponieważ CV jest pierwszą i być może jedyną szansą przyciągnięcia uwagi pracownika działu personalnego, upewnij się, że na pierwszy rzut oka robi ono dobre wrażenie i działa na twoją korzyść. Nie przepełniaj CV nieistotnymi informacjami. Jeśli potencjalny pracodawca będzie musiał poświęcić więcej niż kilka sekund na zapoznanie się z twoim CV, może w ogóle zrezygnować z czytania. Jednakże, jeśli masz wiele osiągnięć, możesz napisać CV nawet na trzech stronach, pod warunkiem że zachowasz właściwy układ.

Nie oszukuj

Próba wywarcia wrażenia na przyszłym pracodawcy poprzez podawanie w CV nieprawdziwych informacji nie jest dobrym pomysłem. Będzisz się czuć niezręcznie podczas rozmowy kwalifikacyjnej i „kłamstewka" szybko zostaną wykryte. Twoje szanse na zdobycie posady spadną do zera.

Referencje

Dobrze jest załączyć referencje od poprzednich pracodawców. Musisz jednak uważać, tzn. lepiej sprawdź zawczasu, czy osoby podawane jako źródło referencji nie mają nic przeciw temu. Niektóre z nich mogły cię nie lubić. Najlepiej powoływać się na swojego obecnego pracodawcę lub na profesora z uniwersytetu, o ile ukończyłeś studia niedawno.

Układ graficzny

Najlepiej pisać CV wg szablonu Europass CV. Europass CV zastąpił w roku 2002 Europejskie CV. Ujednolicona formuła Europass CV umożliwia ci jasne przedstawienie swoich umiejętności, kwalifikacji i zdobytego doświadczenia zawodowego. Do Europass CV można łatwo dołączyć inne dokumenty wchodzące w skład Europass. Używaj krótkich zdań. Nie dziel wpisu odnoszącego się do jednego nagłówka na dwie strony. Wydrukuj swoje CV na białym papierze. Więcej informacji: http://europass.cedefop.europa.eu.

Daj komuś do przeczytania swoje CV

Ostatnia ważna sprawa – niech ktoś przeczyta twoje CV. W ten sposób sprawdzisz, ile czasu zajmuje lektura i czy wszystko jasno napisałeś. Pamiętaj, gdy twój potencjalny pracodawca będzie czytał twoje CV, ciebie przy tym nie będzie.

Here is a template of Europass CV.

Europass Curriculum Vitae	Insert photograph. Remove heading if not relevant (see instructions)

Personal information

Surname(s) / First name(s)	**Surname(s) First name(s)**
Address(es)	House number, street name, postcode, city, country
Telephone(s)	(remove if not relevant, see instructions) Mobile: (remove if not relevant, see instructions)
Fax(es)	(remove if not relevant, see instructions)
E-mail	(remove if not relevant, see instructions)
Nationality	(remove if not relevant, see instructions)
Date of birth	(remove if not relevant, see instructions)
Gender	(remove if not relevant, see instructions)

Desired employment / Occupational field	**(remove if not relevant, see instructions)**

Work experience

Dates	Add separate entries for each relevant post occupied, starting from the most recent. (remove if not relevant, see instructions)
Occupation or position held	
Main activities and responsibilities	
Name and address of employer	
Type of business or sector	

Oto formularz Europass CV.

Europass Curriculum Vitae	Miejsce na zdjęcie. Usunąć nagłówek, jeśli nie dotyczy (patrz: Wskazówki)
Dane osobowe	
Nazwisko(a) / Imię (imiona)	**Nazwisko(a) Imię (imiona)**
Adres(y)	Ulica, nr domu, kod pocztowy, miejscowość, kraj
Telefon(y)	Usunąć nagłówek, jeśli nie dotyczy (patrz: instrukcje) Tel. Kom.: Usunąć nagłówek, jeśli nie dotyczy (patrz: instrukcje)
Faks(y)	Usunąć nagłówek, jeśli nie dotyczy (patrz: instrukcje)
E-mail(e)	Usunąć nagłówek, jeśli nie dotyczy (patrz: instrukcje)
Obywatelstwo	Usunąć nagłówek, jeśli nie dotyczy (patrz: instrukcje)
Data urodzenia	Usunąć nagłówek, jeśli nie dotyczy (patrz: instrukcje)
Płeć	Usunąć nagłówek, jeśli nie dotyczy (patrz: instrukcje)
Preferowane miejsce zatrudnienia / charakter pracy	**Usunąć nagłówek, jeśli nie dotyczy (patrz: instrukcje)**
Doświadczenie zawodowe	
Daty	Opisać oddzielnie każde zajmowane stanowisko, począwszy od ostatniego. Usunąć nagłówek, jeśli nie dotyczy (patrz: Wskazówki)
Zawód lub zajmowane stanowisko	
Podstawowy zakres prac i obowiązków	
Nazwa i adres pracodawcy	
Typ działalności lub sektor	

Education and training

Dates

Add separate entries for each relevant course you have completed, starting from the most recent. (remove if not relevant, see instructions)

Title of qualification awarded

Principal subjects/ occupational skills covered

Name and type of organisation providing education and training

Level in national or international classification

(remove if not relevant, see instructions)

Personal skills and competences

Mother tongue(s)

Specify mother tongue
(if relevant add other mother tongue(s), see instructions)

Other language(s)

Self-assessment

European level (*)

Understanding		Speaking		Writing
Listening	Reading	Spoken interaction	Spoken production	

Language

Language

(*) Common European Framework of Reference for Languages

Social skills and competences

Replace this text by a description of these competences and indicate where they were acquired. (Remove if not relevant, see instructions)

Organisational skills and competences

Replace this text by a description of these competences and indicate where they were acquired. (Remove if not relevant, see instructions)

Technical skills and competences

Replace this text by a description of these competences and indicate where they were acquired. (Remove if not relevant, see instructions)

Wykształcenie i odbyte szkolenia

Daty — Opisać oddzielnie każdy ukończony typ / rodzaj kursu / kształcenia, począwszy od ostatniego (patrz: Wskazówki)

Nazwa / tytuł uzyskanych kwalifikacji

Podstawowe dziedziny kształcenia / nabyte umiejętności zawodowe

Nazwa i typ instytucji edukacyjnej / szkoleniowej

Poziom w klasyfikacji krajowej lub międzynarodowej — Usunąć nagłówek, jeśli nie dotyczy (patrz: instrukcje)

Umiejętności i kompetencje

Język(i) ojczysty(e) — **Określić język ojczysty** (podać inne języki ojczyste, jeśli dotyczy)

Inne języki

Samoocena umiejętności językowych

Poziom europejski (*)

Rozumienie		Mówienie		Pisanie
Słuchanie	Czytanie	Porozumiewanie się	Samodzielne wypowiadanie się	

Język

Język

(*) Europejski system opisu kształcenia językowego

Umiejętności i kompetencje społeczne — Opisać tego rodzaju kompetencje i podać miejsce ich uzyskania. Usunąć nagłówek, jeśli nie dotyczy (patrz: instrukcje)

Umiejętności i kompetencje organizacyjne — Opisać tego rodzaju kompetencje i podać miejsce ich uzyskania. Usunąć nagłówek, jeśli nie dotyczy (patrz: instrukcje)

Umiejętności i kompetencje techniczne — Opisać tego rodzaju kompetencje i podać miejsce ich uzyskania. Usunąć nagłówek, jeśli nie dotyczy (patrz: instrukcje)

Computer skills and competences	Replace this text by a description of these competences and indicate where they were acquired. (Remove if not relevant, see instructions)
Artistic skills and competences	Replace this text by a description of these competences and indicate where they were acquired. (Remove if not relevant, see instructions)
Other skills and competences	Replace this text by a description of these competences and indicate where they were acquired. (Remove if not relevant, see instructions)
Driving licence	State here whether you hold a driving licence and if so for which categories of vehicle. (Remove if not relevant, see instructions)
Additional information	Include here any other information that may be relevant, for example contact persons, references, etc. (Remove heading if not relevant, see instructions)
Annexes	List any items attached. (Remove heading if not relevant, see instructions)

For more information on Europass go to http://europass.cedefop.europa.eu

© European Communities, 2003 20060628

Umiejętności i kompetencje w zakresie obsługi komputera	Opisać tego rodzaju kompetencje i podać miejsce ich uzyskania. Usunąć nagłówek, jeśli nie dotyczy (patrz: instrukcje)
Umiejętności i kompetencje artystyczne	Opisać tego rodzaju kompetencje i podać miejsce ich uzyskania. Usunąć nagłówek, jeśli nie dotyczy (patrz: instrukcje)
Inne umiejętności i kompetencje	Opisać tego rodzaju kompetencje i podać miejsce ich uzyskania. Usunąć nagłówek, jeśli nie dotyczy (patrz: instrukcje)
Prawo jazdy	Podać, czy posiada się prawo jazdy; jeśli tak, to jakiej kategorii. Usunąć nagłówek, jeśli nie dotyczy (patrz: instrukcje)
Informacje dodatkowe	Podać inne informacje, które mogą być istotne, np. osoby kontaktowe, referencje, itd. Usunąć nagłówek, jeśli nie dotyczy (patrz: instrukcje)
Załączniki	Wymienić wszystkie załączniki. Usunąć nagłówek, jeśli nie dotyczy (patrz: instrukcje)

Więcej informacji o Europass: http://europass.cedefop.europa.eu

---

➡ Uwaga!
Wskazówki i instrukcje, do których odsyła formularz, znajdują się w Internecie na stronie http://europass.cedefop.europa.eu.

Europass CV – example 1

Personal information	
Surname(s)/First name(s)	Jakubowski, Adam
Address(es)	5, Brampton Road, London NW 15; Ul. Wokalna 9 m. 36, 02-787 Warszawa, Poland
Telephone(s)	(222) 165 243 776, (0048) 22 643 48 14 mobile 075 222 276 987
Fax(es)	(222) 165 243 775
E-mail(s)	adamjaku@aol.com annaj@wp.pl
Nationality(ies)	Polish
Date of birth	27 December 1976
Gender	Male
Desired employment / Occupational field	Information Technology
Work experience	
Dates	September 2000 to present
Occupation or position held	IT consultant
Main activities and responsibilities	Network design, creating new procedures, developing training material
Name and address of employer	Informatix, Sp. z o.o. 85-319 Bydgoszcz, ul.Warszawska 10, Poland
Type of business or sector	Information Technology
Education and trainig	
Dates	1996-2000
Title or qualification awarded	M.Sc. in Computer Science
Name and type of organisation providing education and training	Warsaw University of Technology, Warsaw, Poland
Personal skills and competences	
Mother tongue(s)	Polish
Other language(s)	English

Self assesment	Understanding		Speaking		Writing
European level (*)	Listening	Reading	Spoken interaction	Spoken production	
	B1	B2	B2	B2	C1

Social skills and competences	I have been involved in various types of team tasks from a member of Network Design Team to team leader.
Organisational skills and competences	I designed and implemented a few training programmes. While working for Informatix Sp.z o.o. I organised and supervised a Christmas Dinner Party in 2004. Also, while studying I organised trekking camps for students.
Computer skills and competences	General knowledge of all major programmes and security systems.
Driving licence(s)	I am a holder of a Polish driving licence, category B vehicle.
Additional information	References available upon request

● ●

Europass CV – example 2

Personal information	
Surname(s)/First name(s)	Szymanska, Anna
Address(es)	5, Bishopton Street, London NW 13; Ul. Lubelska 5 m 3, 24-300 Kraszewo
Telephone(s)	(222) 122 343 665, (0048) 81 643 48 14
	mobile 076 112 276 978
Fax(es)	(222) 166 245 762
E-mail(s)	annaszy@aol.com anna2j@wp.pl
Nationality(ies)	Polish
Date of birth	15 January 1972
Gender	Female
Desired employment / Occupational field	Medicine
Work experience	
Dates	January 2004 onwards
Occupation or position held	Pediatrician
Main activities and responsibilities	Diagnosing, visiting patients at home
Name and address of employer	Przychodnia Rejonowa nr 3, ul. Kajakowa 5, 23-550 Puławy, Poland
Type of business or sector	Medicine/Pediatrics
Education and trainig	
Dates	1997–2003
Title or qualification awarded	Medical Doctor (MD)
Name and type of organisation providing education and training	Medical University of Bialystok, Bialystok, Poland
Personal skills and competences	
Mother tongue(s)	Polish

Other language(s)	English				
Self assesment	Understanding		Speaking		Writing
European level (*)	Listening	Reading	Spoken interaction	Spoken production	
	B1	B2	B2	B2	C1

Social skills and competences — I have been an active member of the Chamber of Physicians and Dentists.

Computer skills and competences — General knowledge of Microsoft Office

Driving licence(s) — Category B

Additional information — References available upon request

approach – sięgać, zbliżać się
as follows – jak następuje
based on – oparty na
basic – podstawowy
distinguish – rozróżniać
establish – ustanowić
expression – ekspresja
fluent – płynny
formal – formalny, oficjalny
grid – ramka, tabelka
improve – polepszyć się
independent – samodzielny
linguistic – lingwistyczny, językowy
news programmes – wiadomości w radiu i TV
proficient – biegły
scale – skala
self-assessment – samoocena
take an exam – zdawać egzamin
user – użytkownik
verbal – słowny

How to assess your language competences

The best way is to take a TELC (The European Language Certificates) exam. TELC are a system of language examinations based on the Common European Framework of References for Languages established by the Council of Europe. In Poland, many language centres offer the possibility to prepare for the exam and to take it. You cannot fail this exam if you know the language at least a little. The certificate simply shows your competences in various areas:

- Listening
- Reading
- Speaking (interaction and production)
- Writing

Your career chances at work can improve with a TELC certificate.

The self-assessment grid is based on the six level scale of the Common European Framework and distinguishes your language competences as follows:

- A1–A2 – basic user: elementary language skills, short sentences;
- B1–B2 – independent user: active ability to deal with everyday situations, fluent verbal expression, understanding of news programmes, ability to write formal letters;
- C1–C2 – proficient user: ability to understand difficult authentic texts, high linguistic competence approaching native speaker level.

Jak określić swój poziom znajomości języka

Najlepiej zdać egzamin TELC. TELC to system egzaminów opartych na Europejskim Systemie Kształcenia Językowego ustanowionym przez Radę Europy. W Polsce wiele szkół językowych oferuje możliwości przygotowania się i przystąpienia do tego egzaminu. Nie można go nie zdać, nawet jeżeli zna się język w niewielkim stopniu, gdyż certyfikat ten jedynie pokazuje twoje umiejętności językowe w różnych obszarach:

• rozumienia ze słuchu,
• rozumienia tekstu pisanego,
• wypowiedzi ustnej (interakcja i produkcja),
• wypowiedzi pisemnej.

Wraz z uzyskaniem certyfikatu TELC twoje szanse zawodowe mogą wzrosnąć.

Tabelka do samooceny znajomości języka bazuje na sześciostopniowej skali Europejskiego Systemu Kształcenia Językowego i określa umiejętności językowe następująco:

• A1–A2 – poziom podstawowy: elementarna znajomość języka, posługiwanie się prostymi, krótkimi zdaniami;
• B1–B2 – poziom samodzielności: umiejętność aktywnego posługiwania się językiem w sytuacjach życia codziennego, płynność wypowiedzi, rozumienie programów informacyjnych w radiu i TV, umiejętność pisania listów oficjalnych;
• C1–C2 – poziom biegłości: zdolność rozumienia trudnych autentycznych tekstów, bardzo dobra znajomość języka, zbliżona do poziomu kompetencji rodzimego użytkownika.

Więcej informacji w języku polskim na stronach:
http://www.telc.pl/esokj.php lub
http://linguaporta.de/pl/referenzrahmen.htm.

● ●

appropriate – odpowiedni
at your earliest convenience – w najbliższym dogodnym dla Państwa terminie
expressions – wyrażenia
feature – cecha
graduate from – ukończyć studia na
I am used to – jestem przyzwyczajony do
in reply/response – w odpowiedzi
interview – rozmowa kwalifikacyjna
layout – układ graficzny
letter of application – list motywacyjny
look forward to – oczekiwać
manner – sposób
paragraph – akapit
serve an apprenticeship – odbywać praktykę
two day's notice – z dwudniowym wyprzedzeniem
with regard – w związku

How to write your letter of application

A letter of application is a formal piece of writing so it must be written in the appropriate manner. You must use the appropriate style, language and expressions. Do not forget to write your letter in separate paragraphs. Normally, the layout of the letter is as follows:

Greeting:

Dear Sir or Madam – if you do not know the name of the person who is going to read your letter.
Dear Mr Smith – if Mr Smith is the person you are supposed to contact.

1st paragraph

State your reasons for writing (A) and give some basic information about yourself (B)

(A)

I am writing with regard to your advertisement which I saw in ...
I am writing to apply for the position / job / post which I found advertised in ...
I have seen your advertisement for (give the name of the job) and I am interested in the position.
I am writing in reply to your advertisement for (give the name of the job).
I have seen your advertisement and I would like to be considered for the job.
I have seen your advertisement in (say where) and I would like to apply for the post of ... (give the name of the job)
I am writing in response to the (give the name of the job) post you advertised in (say where).
I would like to apply for the post of (give the name of the job) which you advertised in (say where).

(B)

I am a 30-year old female computer programmer ...
I graduated from the Warsaw University of Technology in 1995 with a degree in Information Technology.

2nd paragraph

Explain why you are interested in the type of work – remember that simply writing that you would like to get the job is not enough. Mention your previous experience, achievements, and your qualifications as well as your personal features that make you the right person for the job.

For the past two years I have been working as a (give the name of the position).
I have had experience in this kind of job since I have been employed as a (give the name of the position).
At present, I am working for (give the name of the company) as a (give the name of the position).
I have dealt with (explain what) ...
I am used to travelling ...
I have been responsible for ...
I served a one-year apprenticeship at ...

3rd paragraph

Say when you are ready for the interview and look forward to their answer.

If I am given two days' notice, I could attend an interview at any time.
I am ready for an interview at your earliest convenience.
I am available for an interview at any time.
I would be glad to attend an interview at any time convenient for you.
I would be able to come for an interview at any time.
I look forward to your answer.
I look forward to your reply.
I would appreciate a reply at your earliest convenience.

Closing

Yours faithfully, (if you started your letter with *Dear Sir or Madam*)
Yours sincerely, (if you started your letter with *Dear Ms Smith*)

Example letter of application

Dear Sir or Madam,

I am writing with regard to your advertisement for the position of a dental nurse which I saw advertised in the latest issue of *Daily Newsletter*.

I am a 32-year old fully qualified dental nurse and obtained a degree in the Faculty of Nursing at the Medical University of Silesia, Katowice, in 1997, and have had considerable experience in this type of job since I have been working as a dental nurse for the past nine years in various clinics in Warsaw and Lublin, Poland.

I am able to work under pressure and I feel enthusiastic about my profession.

I am ready to move to Ireland for several years since I have friends there who could help me find accommodation.

If I am given three-days' notice, I could attend an interview at any time.

I look forward to your reply.

Yours faithfully,

Alina Kowalczyk

Przykładowy list motywacyjny

Szanowni Państwo,

piszę w związku z Państwa ogłoszeniem o pracy dla pielęgniarki dentystycznej, które znalazłam w ostatnim numerze „Daily Newsletter".

Jestem 32-letnią, w pełni wykwalifikowaną pielęgniarką dentystyczną. Dyplom pielęgniarki otrzymałam na Wydziale Pielęgniarstwa Śląskiej Akademii Medycznej w Katowicach w 1997 r. Mam znaczne doświadczenie w tej dziedzinie, gdyż pracowałam w charakterze pielęgniarki dentystycznej w różnych klinikach w Warszawie i Lublinie.

Jestem w stanie pracować w warunkach stresu i mam dużo entuzjazmu dla tej pracy.

Jestem gotowa przeprowadzić się na kilka lat do Irlandii, ponieważ mam tam przyjaciół, którzy mogą pomóc mi w znalezieniu zakwaterowania.

Mogę przyjechać na rozmowę kwalifikacyjną w dowolnym czasie, pod warunkiem zawiadomienia mnie o terminie z trzydniowym wyprzedzeniem.

Oczekuję Państwa odpowiedzi.

Z wyrazami szacunku

Alina Kowalczyk

Your own advert

Be active – write your own advert!

be sick and tired of – mieć
dość (czegoś)
domestic – domowy
incompetent – niekompe-
tentny
maintenance – konserwacja
qualified – wykwalifikowany
refurnishment – remont,
naprawa
unreliable – nieodpowie-
dzialny
willing – chcący

If you are a qualified electrician willing to work hard, your advert
may look as follows:

> **Electrician looking for a job!**
> *Are you sick and tired of unreliable and incompetent electricians?*
> *I am a qualified electrician with over 10 years experience in domestic*
> *refurbishment and maintenance. I am reliable and quick. Will work on*
> *price or by the hour.*
> *Call me on 011 867 256 181 030*

friendly – miła
look after – opiekować się
reliable – odpowiedzialna
female – płci żeńskiej,
kobieta
with a cheerful disposition
– pogodnego usposobie-
nia
nanny – niania
available to start – mogę
zacząć
asap – wkrótce, jak najszybciej

If you want to look after somebody's child and work as a nanny,
this is what your advert may look like:

> **A friendly and experienced nanny willing to look after your child!**
> *I am a reliable 27-year-old female with a cheerful disposition ready to*
> *work as a babysitter or a nanny. Available to start asap.*
> *Please call me on 015 342 776 221*

domestic help – pomoc
domowa
middle-aged – w średnim
wieku
household chores – ciężkie
prace domowe

If you want to work as a domestic help, write your advert like
this:

> **Domestic help looking for a job!**
> *I am a middle-aged female ready to help you with household chores.*
> *Am quite experienced, clean and quick. No job is too big for me.*
> *Call me on 0145 756 228*

II. Job interview

Congratulations! You have reached the level of a job interview!

Your chances of getting the job are now higher, but the interview is the most difficult and the most challenging part of the recruitment process. Remember that during the interview the personal and interpersonal features are analysed, and the human resources specialists will decide whether you really are the person for the job. The foreigners have an additional difficulty with their English, which must be adequate for the position they apply for.

Our goal will be to help you with preparation for the job interview, both in terms of the English language used during the conversation with the prospective employer (here we will pay special attention to problems the Polish speakers of English tend to have), and with preparation for the interview itself.

additional difficulty with – dodatkowa trudność związana z
adequate for the position – odpowiedni na dane stanowisko
apply for – ubiegać się o coś
challenging – stanowiący wyzwanie
human resources (HR) – kadry, zasoby ludzkie
in terms of – jeśli chodzi o
interpersonal features / skills – umiejętności interpersonalne
job interview – rozmowa kwalifikacyjna
pay special attention – zwracać szczególną uwagę
personal features – cechy charakteru
prospective employer – ewentualny pracodawca
reach a level – osiągnąć poziom
recruitment process – proces rekrutacji
tend to have – zwykle mają
whether – czy
you are the person for the job – jesteś odpowiednią osobą na to stanowisko

10 things to do during a job interview

1. Manage your time efficiently

ability – zdolność, umiejętność
beforehand – uprzednio
circa – około
collect one's thoughts – zebrać myśli
in a job interview context – w kontekście rozmowy kwalifikacyjnej
make a bad / good impression – wywrzeć złe / dobre wrażenie
mysterious advice – tajemnicza porada
per se – sama w sobie, sama przez się
route – trasa
take a few deep breaths – odetchnąć kilka razy głęboko
time management – zarządzanie czasem
whereabouts – okolice, otoczenie

This may seem a mysterious piece of advice, but let's analyse it. Time management is an important ability *per se*, and it is especially important in a job interview context. First of all, you don't want to be late, as this would make a VERY bad impression on the employer.

It is a good idea to check the whereabouts of the company or the place where the interview is to take place beforehand, possibly even check the route. Arrive circa 10–15 minutes before the interview to collect your thoughts and take a few deep breaths.

➡ Cultural note
W Polsce przybycie 15 minut przed czasem jest co najmniej gafą. W świecie anglosaskim robi to dobre wrażenie, ponieważ świadczy o tym, że kandydatowi zależy na pracy. Nie powinno być to jednak więcej niż 15 minut.

2. Know the company

be worthwhile – warto
competition – konkurencja
definitely – zdecydowanie
gather – zebrać
interviewer – osoba przeprowadzająca rozmowę
major activities – główne obszary działania
research – zbadać

It would be worthwhile to gather all possible information about the company – definitely visit their web site, research its major activities, products, or even competition. If possible, try also to learn the name of the interviewer and his/her title.

➡ Cultural note
Sposoby zwracania się do ludzi po angielsku różnią się znacznie od form polskich. W sytuacji rozmowy kwalifikacyjnej będziemy się najpewniej zwracać do naszego rozmówcy używając jego tytułu oraz pełnego nazwiska, np: **Mr. Thomson**, **Dr Jones**, **Mrs. Pettigrew**. Pełnej formy nazwiska używamy na początku rozmowy oraz raz czy dwa razy w jej trakcie. Natomiast od czasu do czasu wtrącamy uprzejme **sir**, **madam**, **doctor** czy **professor**, w zależności od tytułu. Pozostaniemy przy tej formie, nawet jeśli rozmówca zacznie się zwracać do nas po imieniu.

3. Have a copy of your CV ready

In previous chapters we learnt how to write a correct CV (or resume). You must have sent it to the company already, but it is a good idea to have a spare copy with you at the interview. This is proof that you take the interview seriously and that you are prepared.

CV – życiorys (brytyjski angielski)
prepared – przygotowany
previous chapters – poprzednie rozdziały
proof – dowód
resume – życiorys (amerykański angielski)
seriously – poważnie
spare copy – drugi egzemplarz, kopia zapasowa
you must have sent it – na pewno już wysłałeś, musiałeś już wysłać

4. Develop relations with the interviewer

A job interview is an interpersonal affair. You really need to develop a rapport with the interviewer. Shake hands firmly, but not with overdue force. Watch your non-verbal communications, at all times be aware of your body language, maintain eye contact. Smile at the interviewer and remember that your body posture must be open.

develop a rapport – nawiązać dobry kontakt
eye contact – kontakt wzrokowy
firmly – mocno
interpersonal affair – sprawa międzyludzka
maintain – utrzymywać
non-verbal communications – komunikacja pozawerbalna
not with overdue force – nie za mocno
open body posture – otwarta pozycja ciała
rapport – relacje międzyludzkie
shake hands – uścisnąć dłonie
watch – zwracaj uwagę

5. Follow the interviewer

You are the petitioner, so don't try and dominate the interview. Your job is to answer the questions, not to ask them. It is all right though if you ask for clarification in case you haven't understood the question.

ask for something – prosić, pytać o coś
clarification – wyjaśnienie, uściślenie
dominate – zdominować
in case – w razie
petitioner – petent
though – jednak

accentuate – podkreślać
clean-shaven – gładko ogolony
cleavage – dekolt
extremely – niezwykle
femininity – kobiecość
flaunt – pysznić się czymś
hairstyle – fryzura
image you project – wrażenie, które robisz
invisible – niewidoczny
just above the knee – tuż nad kolano
length – długość
overdo – przedobrzyć
presentable – robiący dobre wrażenie
smartly – dobrze, porządnie, elegancko
well-groomed – zadbany
you'll never get a second chance to make the first impression – nie będziesz miał drugiej szansy, by zrobić pierwsze wrażenie

analytical thinking talents – umiejętność myślenia analitycznego
benefit from – odnieść z czegoś korzyść
company – spółka
enterprise – przedsiębiorstwo, firma
interpersonal abilities – umiejętności interpersonalne
possess – mieć
relevant – odnoszący się do czegoś
stress your positive sides – podkreśl swoje mocne strony
tackle – radzić sobie z czymś

bad habits – złe nawyki
coin – moneta
frank – szczery

6. Look presentable

What you say is only part of the success. An extremely important thing is the image you project – remember, you'll never get a second chance to make the first impression. First of all, you must be well-groomed, with freshly washed hair, clean-shaven face, clean nails, good (but not extravagant) hairstyle. Your clothes are also very important – dress smartly and elegantly, but don't overdo them. If you are a man, wear a suit, but not a black one if the interview is before 7 p.m. If you are a woman, don't flaunt your femininity, but accentuate it nicely. A jacket and a skirt (definitely not a mini, the perfect length is just above the knee) and a blouse which does not show too much cleavage are always a good choice. Use some makeup, but remember that the best makeup is an invisible one.

7. Highlight the benefits

Remember to say how the company (the organisation) would benefit from employing you. Stress your positive sides, especially the ones that you think would be useful for the enterprise. The interviewer will be very interested to hear what you can do for them. Try to concentrate on your abilities to tackle new situations, emphasize your communication skills, interpersonal abilities, analytical thinking talents, and any other skills that you may possess and you think may be relevant to the post.

8. Emphasize the positive

Remember that every coin has two sides, try to concentrate on the better one. Be frank, but don't apologize for example for lack of experience or weaknesses. For instance, if you are asked about experience (and you most likely will be), while your experience is not very great, there is one good thing about it: you do not have to 'unlearn' bad habits or different standards used by other companies. Thus, many employers will like the idea of a *tabula rasa,* of imprinting their own standards without having to get rid of the old ones.

9. Be positive about the negative

You will be asked questions like: *What is your worst feature of character?* or *What mistakes did you make in your previous job?* Nobody is perfect, so don't try to dodge or avoid the issue. Just answer it plain and simple.

Think of something positive, like *My worst feature is perfectionism, I always try to get the job done well.* If asked about a mistake in the past, tell them what you learned from that mistake and what you will do to avoid making such mistakes in the future.

10. Have some questions to show you are interested!

While you generally shouldn't ask too many questions during the interview (see rule 3 in '10 things not to do during an interview', you may ask one or two questions at the end to show your genuine interest in the job. The questions may be something like:
– *Is the company planning to expand its activities?*
– *Will I take part in some training?*
– *What are my career prospects?*

... and one last piece of advice – **be yourself**! You don't want to be taken for someone you are not. While it is good to present your best abilities, they still need to be YOUR abilities. Don't pretend you are someone else.

get rid of something – pozbyć się czegoś
imprinting – narzucenie, wpojenie
lack of experience – brak doświadczenia
most likely – najprawdopodobniej
tabula rasa – tu: osoba bez negatywnych nawyków, które trzeba wykorzeniać, dosł. biała tablica
unlearn – oduczyć się
weaknesses – słabości

dodge – omijać
nobody is perfect – nikt nie jest doskonały
plain and simple – bez owijania w bawełnę

career prospects – perspektywy awansu
expand – rozszerzać
genuine – szczery
take part in training – brać udział w szkoleniach

be taken for someone else – być wziętym za kogoś innego
be yourself – bądź sobą
pretend – udawać
while – o ile

10 things not to do during a job interview

1. Do not arrive too early

This issue depends to a large extent on the country where you are applying for a job, but in general it is assumed that an interviewee arrives circa fifteen minutes before the scheduled beginning of the interview. If you arrive too early, you risk creating an impression that either you are overly desperate to get the job or you have insufficient time management skills and are unable to plan your actions properly. Both of these are impressions you do not want to make on your future employer.

2. Do not smoke or chew gum

Smoking and chewing gum during an interview are considered to be unpardonable faux-pas. You must remember never to do them. Even should your interviewer do them, you must not follow suit. Remember, a job interview is a formal occasion and some forms have to be observed. It is very unlikely that your interviewer will start smoking in your presence; however, should this be the case and you are offered a cigarette, either decline it or, if you want to accept it, first inquire whether this would not disturb any of the persons present. Offering the interviewee a cigarette may signal that the situation is becoming less formal; nevertheless, do not assume it yourself and stick to polite formality. Chewing gum is unpardonable in any circumstances during an interview: it indicates your lack of respect towards the interviewer and may be interpreted as scorn for the company and job as such. In addition, indulging in such activities as smoking or chewing gum during an interview may also be understood as a sign of your inability to cope with a stressful situation, which is an impression you need to avoid.

---

be desperate – być zdesperowanym
depend on – zależy od
either ... or ... – albo... albo...
insufficient – niewystarczający
interviewee – kandydat / osoba, z którą przeprowadzana jest rozmowa
it is assumed – uważa się
overly – nadmiernie
scheduled – zaplanowany, ustalony
time management – zarządzanie czasem
to a large extent – w dużym stopniu

accept – przyjąć
assume – założyć
avoid – unikać
chew gum – żuć gumę
cope with stress – radzić sobie ze stresem
decline – odmówić
disturb – przeszkadzać
faux-pas – gafa, gafy
follow suit – naśladować, zachowywać się w podobny sposób
formal occasion – sytuacja oficjalna
in your presence – w twojej obecności
indicate – wskazywać
indulging – folgowanie sobie
inquire – dowiedzieć się
lack of respect – brak szacunku
nevertheless – jednak
observe forms – przestrzegać form
scorn – pogarda
stick to – trzymać się czegoś
unpardonable – niewybaczalny

3. Do not interrupt the interviewer or try to take over the interview

Remember, in the situation of an interview you are the petitioner. You must never interrupt your interviewer as this is a sign of lack of respect and of bad manners. Even though you might want to impress your interviewer with your ideas for the job, your experience to-date and your potential, remember that it is the interviewer who asks questions and you who answers them, not the other way round. Wait for questions to which you may provide an answer encompassing all you want to inform the interviewer about, but do not volunteer them yourself. In many cultures and circles this would not be considered professional, but desperate. Similarly, do not attempt to take over the interview. It is the interviewer who is in charge of the situation and directs it. If you try to take over the discussion, you run the risk of making an impression of being ungovernable and difficult to manage, which are not the most desired qualities in a potential employee.

bad manners – złe maniery
encompass – obejmować
experience to-date – doświadczenie do chwili obecnej
impress – zrobić wrażenie
interrupt – przerywać
provide – dostarczać, zapewniać
take over – przejąć
the other way round – na odwrót
to-day – do tej pory, do chwili bieżącej
ungovernable – niemożliwy do opanowania
volunteer – pośpieszyć z (czymś)
volunteer them yourself – samemu je zgłaszać

4. Do not argue with with the interviewer

During an interview you want to make the best impression possible on your potential future employer. It will not do to argue with him or her during your job interview. You may want to make an impression of being full of new ideas and prepared to defend them, but you need to make sure you are not perceived as quarrelsome and difficult. If you cannot agree with the interviewer on a certain point, leave it and move to something less problematic. There is a difference between forcing your ideas during a brainstorm in a team and at an interview.

argue – kłócić się
be perceived – być postrzeganym
brainstorm – burza mózgów
defend – bronić
force your ideas – postawić na swoim, forsować
it will not do – nie należy, nie uchodzi
quarrelsome – kłótliwy

5. Do not lie

achievement – osiągnięcia
emphasize – podkreślać
fault – wina
from scratch – od zera, od
  początku
overly influenced – pod
  nadmiernym wpływem
policy/policies – polityka,
  strategia
run the risk – ryzykować
statement – twierdzenie
stretch the truth – naginać
  prawdę
verify – weryfikować

You may be tempted to emphasize your experience and achievements even to a point of stretching the truth. DO NOT do that. Not only is your potential employer sometimes able to verify your statements, but also you run the risk that the truth becomes known during the period of your employment. It is not a fault not to know something. We learn all the time. What is wanted of an employee is the enthusiasm and willingness to learn new things. Furthermore, sometimes your employer may prefer to teach you the procedures and policies of the company from scratch, not running the risk that you are overly influenced by those from your former place of employment.

6. Do not criticise past employers

approach – podejście
attempt – próba
bear somebody a grudge –
  mieć do kogoś urazę
besmear the good name –
  niszczyć dobre imię
convince – przekonać
draw experience – wyciągać wnioski
enterprise – przedsiębiorstwo
event – wydarzenie
former – poprzedni
from situation in question
  – z danej sytuacji
future-oriented – zoriento-
  wany na przyszłość
vindictive – mściwy

One of the things you must remember NEVER to do is to criticise your past employers. This does not look good in a petitioner. If you left your former company as a result of some negative event, still attempt to present it in a good light. First of all, this will convince your interviewer of your loyalty: companies tend to value employees who would not besmear the good name of an enterprise for personal reasons. What is more, if you criticise the former place of employment, your interviewer may think you would do the same about the present company when you leave it in the future. Second of all, even if you bear your former employer a grudge, make the effort of stressing the experience you drew from the situation in question. It is important to learn positive things from negative situations. If you do this, it may also convince your employer that you are ready to draw experience even from personally difficult conditions and that you are not vindictive but that your approach to such situations is constructive and future-oriented.

7. Do not emphasise your weaknesses

A job interview is not a competition in humility. You want to stick to the truth, it is true, but you also want to present yourself in the best light possible and to get the job you are applying for. Therefore you need to strike a balance between self-praise and humility so as not to appear either too self-confident or too humble. Refrain from presenting yourself only in superlatives; firstly, it does not look good in a petitioner, secondly – your interviewer is only a human being and may perceive you as a competition for him- or herself. On the other hand, do not stress your weaknesses: no company wants losers among its staff. You will most probably be asked a question on your weak point or a professional failure; prepare an answer to such a question in advance so that you are not caught by surprise, but remember to accentuate rather positive than negative aspects, for example saying that the professional failure taught you to rely more on your team or to seek advice more thoroughly. Thus you show your interviewer that you have drawn conclusions from a mistake you made and are not only not likely to make the same mistake again, but also that you learn from all mistakes and hence are a valuable asset.

draw conclusions – wyciągać wnioski
failure – niepowodzenie
hence – zatem
humble – pokorny
humility – skromność, pokora
loser – przegrany, ciamajda
refrain from – powstrzymywać się od
rely on – polegać na czymś
self-confident – pewny siebie
self-praise – autoreklama
stick to the truth – trzymać się prawdy
strike a balance – zachować równowagę
thus – zatem
valuable asset – wartościowy nabytek

8. Do not ask about salary too early

Remember, it is not you who directs the interview. You are to answer the questions of the interviewer and present yourself in the best light possible: this also involves NOT asking about financial issues too early yourself. First of all, you do not want to create an impression that the money is the only thing of interest to you. If you are given a chance to ask questions, ask about details relating to the company, about the scope of tasks assigned to you in case you are offered the job, etc.; in short, show yourself as an enthusiastic and interested person and that you consider the potential of professional development in the company you are aspiring for. After all, if all you care about is money, your potential employer may decide not to take you on because you might

aspire for – ubiegać się o, dążyć do, aspirować do
assigned – przypisany
bring up a topic – rozpocząć temat
competition – konkurencja
create an impression – zrobić wrażenie
financial issues – kwestie finansowe
in short – w skrócie
involve – obejmować, uwzględniać
not to despair – nie rozpaczać, nie tracić nadziei

professional development
– rozwój zawodowy
relating to – dotyczący,
związany z
remuneration – wynagrodzenie
salary – pensja
the scope of tasks – zakres
działań
wages – zarobki

adore – uwielbiać
be assigned tasks – mieć
przydzielone obowiązki
credible – wiarygodny
feel up to – czuć, że jest się
w stanie coś zrobić
guide – poradnik
leader – przywódca
learn by heart – nauczyć
się na pamięć
member of the team –
członek zespołu
prove helpful – okazać się
pomocnym
reflect – odzwierciedlać
reliable – godny zaufania
sooner or later – wcześniej
czy później
state – twierdzić
take responsibility – przej-
mować odpowiedzial-
ność
**you are in for a miserable
time** – będziesz miał kłopoty

decide at any time to go with the competition for a few dollars
more. This is NOT the impression you want to make. Instead,
wait until the topic of salary is brought up by your interviewer.
If it is not, do not despair; sometimes financial matters are not
brought up during the first interview.

➡ Cultural note

Pojęcie *wynagrodzenia / pensji* jest dość skomplikowane po angielsku. *Pensja* to dwa słowa – **salary** i **wage**. Różnica jest taka, że
salary otrzymują przeważnie pracownicy wysoko wykwalifikowa-
ni i że suma podawana jest w stosunku ROCZNYM (choć wypła-
cana co miesiąc), np. **Your salary will amount to 80 thousand
pounds per annum**. **Wage** wypłaca się pracownikom niżej wy-
kwalifikowanym i podaje najczęściej stawkę za godzinę lub tydzień, np. **Wages for electricians in our company vary between
17.50 and 22.00 USD per hour.**
Określeniem na *wynagrodzenie*, obejmującym zarówno **salary**,
jak i **wage**, jest **remuneration**. Jest to jednak słowo dość speciali-
styczne i niezbyt często spotykane w języku potocznym.

---

9. Do not give prepared answers

Treat interview question-answer guides (even this one!) as guides
only. Do not learn them by heart. They may prove helpful in preparing you for the types of questions which may be asked of you,
but try not to answer your interviewer with the answers provided
in guides. This is done by too many people to be original, reliable or credible. Prepare your own answers which will reflect
your own experience, opinions and preferences. Do not state
that you adore taking responsibility if you are happier working as
a member of the team and not its leader. The truth will become
known sooner or later but if you are assigned tasks which you do
not feel up to, you are in for a miserable time.

10. Do not be over-familiar

Treat your interviewer with professional formality. Do not call your interviewers by first names. Do not become over-familiar, do not confide in him or her, do not offer juicy details on your former place of employment. Employers value loyalty and discretion. You never know what your professional relation with your interviewer may be when you are offered the job and you want them to remember you well. Do not use slang expressions too often, speak correctly even if it requires slowing down the pace of conversation. Watch your manners: even if you feel comfortable and not stressed, remember this is a professional situation and requires appropriate measures.

appropriate – odpowiedni
by first names – po imieniu
call – zwracać się, adresować
confide in sb – zwierzać się komuś
juicy details – pikantne szczegóły
measures – tu: środki
over-familiar – zbyt poufały, spoufalający się
pace of conversation – tempo rozmowy
value – cenić, przywiązywać wagę
watch your manners – zwracaj uwagę na swoje zachowanie

Grammar problems

Dla Polaka ważną rzeczą w czasie rozmowy kwalifikacyjnej jest odpowiednie wykorzystanie angielskich czasów. Na pewno dla niektórych czytelników zawiłości gramatyki angielskiej stanowiły w trakcie nauki pewien problem. Właściwe użycie czasów jest ważne, ponieważ niekiedy różnice pomiędzy poszczególnymi czasami mają kluczowe znaczenie dla sensu naszej wypowiedzi.

1. Różnica pomiędzy Past Simple i Present Perfect

> ➡ **Past Simple** oznacza czynność, która miała miejsce w przeszłości i już się zakończyła.
> ➡ **Present Perfect** oznacza czynność, która nadal trwa.

Jeśli więc powiemy **I worked in a hospital**, oznacza to, że w owym szpitalu już nie pracujemy. Natomiast zdanie **I have worked in a hospital** znaczy, że szpital nadal nas zatrudnia.
Różnica ta jest bardzo ważna w sytuacji rozmowy kwalifikacyjnej, więc postaramy się prześledzić ją dokładniej.

I was employed at Fred Corporation. Byłem zatrudniony we Fred Corporation (ale już tam nie pracuję).

I have been employed at Fred Corporation. Byłem i nadal jestem zatrudniony we Fred Corporation.

I lived in London. Mieszkałem w Londynie (teraz mieszkam gdzie indziej).

I have lived in Warsaw. Mieszkałem i nadal mieszkam w Warszawie.

I studied medicine. Studiowałem medycynę i skończyłem już studia.

I have studied medicine. Nadal jestem studentem.

2. Stosowanie Present Perfect

> ➡ **Present Perfect** podkreśla fakt, że nadal coś robimy; zatem powinniśmy go stosować zawsze w sytuacji, gdy chcemy uzmysłowić rozmówcy, że wykonywane przez nas zadanie trwa.

I have been responsible for customer service. Nadal zajmuję się obsługą klienta.

I have studyied English for three years. Uczę się angielskiego od trzech lat (nadal się uczę).

• •

Pamiętajmy również, że w niektórych sytuacjach, gdy po polsku używamy zwykłego czasu teraźniejszego, po angielsku musimy użyć **Present Perfect**. Dzieje się tak zawsze, gdy mówimy o czymś, co trwa już od jakiegoś czasu.

Mieszkam w Warszawie od roku. **I have lived in Warsaw for a year**.

> ➡ Uwaga!
> Zdanie *I live in Warsaw for a year jest typowym błędem popełnianym przez Polaków –
> postarajmy się unikać takich błędów.

Gdy stosujemy **Present Perfect**, często musimy podjąć trudną decyzję, tj. czy użyć **since**, czy **for**.
Najprościej będzie zapamiętać, że **for** stosujemy przy okresie, odcinku czasu, a **since** przy momencie. **For** możemy tłumaczyć jako *przez*, a **since** jako *od*.

> ➡ Czyli: **for** – okres, odcinek czasu; **since** – wydarzenie, moment.

I have dreamt of becoming a doctor **since my childhood.** (od dzieciństwa)

I have worked for Boinc **for two months.** (przez dwa miesiące)

I have lived in Greentown **since I got married.** (od ślubu)

I have supervised the department **since I was made the manager.** (odkąd zostałem kierownikiem)

3. Stosowanie Present Perfect Continuous

Czas ten oznacza, że dana czynność trwa już od jakiegoś czasu. W sytuacji rozmowy możemy go wykorzystać, żeby podkreślić, że dane zadanie wykonujemy bez przerwy.

I have been writing company reports for the last three months.

> ➡ Uwaga!
> Takie zastosowanie czasu **Present Perfect Continuous** jest uważane przez niektórych gramatyków za niepoprawne.

Expressions to use

The following expressions will help you during your interview. Read them first, trying to memorize the examples, and then see if you can adopt some of them into your speech.

to accomplish – dokonać
I have accomplished a lot in my previous place of employment.
Wiele dokonałem w poprzednim miejscu pracy.

accomplishments – dokonania
What are your major accomplishments?
Jakie są pana główne dokonania?

accurate – dokładny
I'm an accurate person, I always like to have my stuff organized.
Jestem osobą dokładną, moje rzeczy są zawsze uporządkowane.

active – aktywny
I take an active approach to the tasks I'm assigned to.
Wykazuję aktywne podejście do przydzielonych mi zadań.

to adapt – przystosować się
I adapt easily to changing circumstances.
Łatwo się przystosowuję do zmieniających się okoliczności.

adaptation – przystosowanie, adaptacja
Adaptation to new work environment can be difficult.
Przystosowanie się do nowego środowiska pracy może być trudne.

adaptable – łatwo się dostosowujący
I am a very adaptable and flexible person.
Jestem osobą łatwo się dostosowującą i elastyczną.

to administer – zarządzać, administrować, podawać
In my previous work I administered advertisement funds.
W poprzednim miejscu pracy zarządzałem funduszami na reklamę.

••••••••••••••••••••••••••••••••••••••

administration – administracja, zarządzanie, podawanie
What do you know of the administration of small and medium-size companies?
Co wiesz o zarządzaniu małymi i średnimi przedsiębiorstwami?
Proper administration of drugs is of critical importance.
Właściwe podawanie leków jest niezwykle ważne.

advanced – zaawansowany
During my career I have developed advanced communicative skills.
W trakcie pracy zawodowej znacznie udoskonaliłem umiejętności komunikacyjne.

advice – rada
Although I am able to work independently, I always welcome advice from my collaborators.
Potrafię pracować samodzielnie, ale zawsze chętnie słucham rad swoich współpracowników.

➡ Uwaga!
Advice jest rzeczownikiem niepoliczalnym – występuje tylko w liczbie pojedynczej.

---

to advise – radzić
What would you advise a colleague in the following circumstances?
Co poradziłbyś koledze w następującej sytuacji?

analysis – analiza
I am familiar with blood sampling and analyses.
Znam się na pobieraniu i analizie próbek krwi.

➡ Uwaga!
Liczba pojedyncza: **analysis**, liczba mnoga: **analyses**.

---

to analyse – analizować
Can you analyse this graph for us?
Czy mógłbyś przeanalizować ten wykres?

to apply – zgłaszać się, składać podanie
I applied for a job with your company because I would like to change my living conditions.
Zgłosiłem się do pracy w waszej firmie, ponieważ chciałbym zmienić swoje warunki bytowe.

to approve – zatwierdzać
Once the project is initially approved, I can organise my work very quickly.
Gdy projekt jest już wstępnie zatwierdzony, potrafię bardzo szybko zorganizować sobie pracę.

to arrange – ustalić, przygotować, zorganizować
Effective work is a matter of organisation and arranging your time properly.
Wydajna praca to kwestia organizacji i odpowiedniego rozplanowania czasu.

to assist – pomagać
I was assisting the office manager in general paper work.
Pomagałem kierownikowi biura w pracach biurowych.

to carry out – wykonać, prowadzić
I used to carry out all administrative tasks.
Wykonywałem wszystkie zadania związane z administracją.

to change – zmienić
The decision to change my job was a difficult one, but I hope it will prove fruitful.
Decyzja o zmianie pracy była bardzo trudna, ale mam nadzieję, że okaże się owocna.

to classify – klasyfikować
My job responsibilities included classifying incoming mail for my boss.
Zakres moich obowiązków obejmował klasyfikowanie korespondencji przychodzącej do mojego szefa.

> **incoming** – przychodzący
> **outgoing** – wychodzący

to collaborate – współpracować
Having been part of a very diversified team I can collaborate with almost anybody.
Po doświadczeniu związanym z funkcjonowaniem w bardzo zróżnicowanym zespole, potrafię współpracować prawie z każdym.

● ●

collaborator – współpracownik
I value team work; in a team, every collaborator can come up with a bright solution to a problem.
Cenię pracę zespołową; w zespole każdy współpracownik może znaleźć błyskotliwe rozwiązanie problemu.

> ➡ Uwaga!
> Angielski **collaborator** (*współpracownik*) nie ma nic wspólnego z *kolaborantem*.
> **To collaborate** to po prostu *współpracować*.

to compare – porównywać
Can you compare your previous job with your expectations regarding the new one?
Czy możesz porównać swoją poprzednią pracę z oczekiwaniami dotyczącymi nowej?

comparison – porównanie
Could you make a comparison of the policies applied by this company and its competitors?
Proszę dokonać porównania polityki stosowanej przez naszą firmę i przez konkurentów.

to complete – ukończyć
I always complete the tasks I was assigned to.
Zawsze kończę przydzielone mi zadania.

to conduct – prowadzić (zadanie)
In my previous job I conducted work meetings.
W poprzedniej pracy prowadziłem spotkania robocze.

to construct – tworzyć
Constructing a long-term strategy requires an extensive knowledge of various factors.
Tworzenie długofalowej strategii wymaga rozległej wiedzy obejmującej różnorodne czynniki.

to consult – konsultować się
While working on a project, it is important to consult all members of the team to hear their opinions and ideas.
Podczas pracy nad projektem ważne jest, aby konsultować się ze wszystkimi członkami zespołu w celu poznania ich opinii i pomysłów.

consultant – konsultant, doradca
In my team I was a consultant to the project manager.
W moim zespole byłem doradcą kierownika projektu.

contract – kontrakt, umowa
It was my task to get as many contracts as possible for the company.
Moim zadaniem było zdobycie jak największej liczby kontraktów dla firmy.

contractor – wykonawca
I was in charge of relations with our contractors.
Odpowiadałem za stosunki z naszymi wykonawcami.

to control – kontrolować, regulować
Controlling the flow of information within a team is crucial.
Kontrolowanie przepływu informacji wewnątrz zespołu to podstawa.

to cooperate – współpracować
I am able both to cooperate with others and to work independently.
Potrafię zarówno współpracować z innymi, jak i pracować samodzielnie.

cooperation – współpraca
My idea of good team work is cooperation and pursuing a common goal.
Moje wyobrażenie dobrej pracy zespołowej to współpraca i dążenie do wspólnego celu.

to coordinate – koordynować
In my previous job I used to coordinate the work of others as well as be coordinated myself.
W poprzedniej pracy koordynowałem prace innych, ale też i sam byłem koordynowany.

coordination – koordynacja
Project coordination is a new challenge for me and I would like to face it.
Koordynacja projektu to dla mnie nowe wyzwanie, z którym chciałbym się zmierzyć.

counsel – rada
It is important for a project manager to take counsel where he or she can find it.
Ważne, by kierownik projektu zasięgał rady wszędzie tam, gdzie może ją znaleźć.

to counsel – radzić
I would counsel against employing untested personnel.
Radziłbym nie zatrudniać niesprawdzonego personelu.

• •

to create – tworzyć
In my previous work I used to create databases and files.
W poprzedniej pracy tworzyłem bazy danych i pliki.

creative – twórczy
I am a very creative person.
Jestem osobą bardzo twórczą.

to deal – prowadzić; działać w danej dziedzinie
I used to deal in the construction industry.
Działałem w branży budowlanej.

to decide – decydować
In this job, you have to decide quickly.
W tej pracy trzeba szybko podejmować decyzje.

decision – decyzja
The process of decision-making in the present situation needs to be swift.
Proces podejmowania decyzji w obecnej sytuacji musi być szybki.

decisive – decydujący
The decisive factor for my actions was my knowledge of the company and the market.
Czynnikiem decydującym o moim postępowaniu była moja znajomość firmy i rynku.

to decrease – ograniczyć, zmniejszyć
After the management decreased the advertisement fund it was even harder to reach the clients.
Od kiedy zarząd ograniczył fundusz reklamowy, coraz trudniej było dotrzeć do klientów.

to define – określić
How would you define yourself using five adjectives?
Jakich pięciu przymiotników użyłbyś, aby określić siebie?

to delegate – delegować, przenosić, przekazywać
When in charge of a project, I would delegate a large amount of duties in order to concentrate on the larger picture of the situation.
Zarządzając projektem, zwykle przekazuję komuś część obowiązków, by móc się skupić na szerszym obrazie sytuacji.

to derive from – pochodzić, wywodzić się z, być skutkiem czegoś
My desire for a change derives from the stagnation on that market.
Moje pragnienie zmiany jest skutkiem stagnacji na tamtym rynku.

to develop – rozwijać
I was in charge of developing the new branch office of the company.
Odpowiadałem za rozwój nowego oddziału firmy.

development – rozwój
With the growing rate of investment there is now a fair chance for new market development.
Przy rosnącej liczbie inwestycji jest spora szansa na dalszy rozwój rynku.

to devise – opracowywać
My task was to devise both short- and medium-term strategies.
Moim zadaniem było opracowywanie krótko- i średnioterminowych strategii.

to discover – odkryć
My task was to discover new and innovative solutions to the existing problems.
Moim zadaniem było odkrywanie nowych i innowacyjnych rozwiązań istniejących problemów.

to distribute – dystrybuować, rozdzielać
How would you distribute the people in this project if you only had a team of five?
Jak rozdzieliłbyś ludzi do tego projektu, gdybyś dysponował tylko pięcioosobowym zespołem?

to document – dokumentować
I would like to document my qualifications by presenting you these training certificates.
Chciałbym udokumentować swoje kwalifikacje, przedstawiając niniejsze certyfikaty.

to double – podwoić
Thanks to the actions of my department the company's income doubled over a year.
Dzięki działaniom mojego działu w ciągu jednego roku zyski firmy uległy podwojeniu.

to edit – edytować, redagować
It used to be my task to edit and correct all correspondence in English.
Moim zadaniem było redagowanie i poprawianie korespondencji po angielsku.

to encourage – zachęcać
It is very important to encourage employees and provide them with feedback.
To bardzo ważne, by zachęcać pracowników i przekazywać im informację zwrotną.

encouragement – zachęta
Encouragement and constructive criticism are essential in a good company.
Zachęta i konstruktywna krytyka są niezbędne w dobrej firmie.

to engineer – tworzyć
Engineering a team can be difficult; the main element is the right choice of people.
Tworzenie zespołu może być trudne; podstawą jest odpowiedni dobór ludzi.

to enlarge – powiększyć
It is our intention to enlarge each project team by five people.
Naszym zamiarem jest powiększenie każdego zespołu projektowego o pięć osób.

to establish – ustanowić
The key to a good atmosphere is to establish a friendly relationship with the staff.
Kluczem do dobrej atmosfery jest ustanowienie przyjacielskich relacji z personelem.

establishment – utworzenie
The establishment of another department is necessary.
Niezbędne jest utworzenie kolejnego działu.

to estimate – szacować, uważać
I estimate that I have proper stimulation and motivation to achieve what is required of me.
Uważam, że działam pod wpływem odpowiednich bodźców i jestem wystarczająco zmotywowany, by osiągnąć to, czego się ode mnie wymaga.

to evaluate – ocenić
I evaluate my knowledge of English as intermediate.
Oceniam swoją znajomość angielskiego jako średnio zaawansowaną.

evaluation – ocena
However, any such evaluation on my part is subjective.
Jakkolwiek każda taka ocena z mojej strony jest subiektywna.

to examine – kontrolować
In my previous job I would examine the results of respective teams.
W poprzedniej pracy kontrolowałem wyniki poszczególnych zespołów.

to expand – poszerzać, powiększać
What undertaking would you suggest in order to expand our activity?
Jakie kroki powinniśmy twoim zdaniem poczynić, aby poszerzyć naszą działalność?

to experience – doświadczyć
I experienced both successes and failures and drew lessons from them.
Doświadczyłem zarówno sukcesów, jak i porażek, i wyciągnąłem z nich naukę.

to facilitate – ułatwić
My knowledge of English may facilitate my starting a new job here.
Moja znajomość angielskiego może ułatwić mi podjęcie pracy tutaj.

to formulate – formułować
How would you formulate your motto in life?
Jak sformułowałbyś zasadę, którą kierujesz się w życiu?

to found – założyć
For a newly founded company it is important to use every business opportunity.
Dla nowo założonej firmy ważne jest wykorzystanie każdej okazji do przeprowadzenia transakcji.

to function – funkcjonować
In order for a team to function properly, all its members need to stay focused on the common objective.
Aby zespół funkcjonował odpowiednio, wszyscy jego członkowie muszą być skupieni na wspólnym celu.

to govern – zarządzać, kierować, rządzić
The business in this field is governed by four main principles.
Działalność w tym sektorze podlega czterem głównym zasadom.

to group – grupować
Please group your characteristics into positive and negative ones.
Pogrupuj pozytywne i negatywne cechy swojego charakteru.

to guide – prowadzić, kierować
What is the main principle guiding you in your professional career?
Jaka jest główna zasada, którą kierujesz się w życiu zawodowym?

guidance – przewodnictwo, rady
It is important that senior staff members provide their juniors with guidance in company matters.
Ważne, by starsi pracownicy udzielali młodszym rad w sprawach firmowych.

to handle – prowadzić
In my former work I handled our clients in the domestic market.
W poprzedniej pracy prowadziłam sprawy klientów rynku krajowego.

to harmonize – harmonizować
What actions would you undertake in order to harmonise the company's situation?
Jakie działania podjęłabyś, aby zharmonizować sytuację firmy?

harmonisation – harmonizacja
The harmonisation of actions of respective persons working on the same project is the key to success.
Harmonizacja działań poszczególnych osób zajmujących się tym samym projektem to klucz do sukcesu.

to head – prowadzić
What would you expect from a person heading this department?
Czego oczekiwałbyś od osoby prowadzącej ten dział?

to identify – określić
Please identify the main domains in which, in your opinion, you require further practice.
Proszę określić główne dziedziny, w których potrzebujesz – twoim zdaniem – więcej praktyki.

identification – określenie
Identification, planning and implementation are the stages of the problem solving process.
Określenie, zaplanowanie i wdrożenie są etapami procesu rozwiązywania problemów.

to implement – wdrożyć
I was in charge of implementing safety procedures.
Byłem odpowiedzialny za wdrażanie procedur bezpieczeństwa.

implementation – wdrożenie
Implementation of innovative solutions can help the company stay ahead of competition.
Wdrożenie innowacyjnych rozwiązań może pomóc firmie zachować przewagę nad konkurencją.

improve – doskonalić
There are several ways in which the activities of this department could be improved.
Jest szereg sposobów, by udoskonalić działania tego działu.

improvement – doskonalenie
My professional development requires the improvement of leadership skills.
Mój rozwój zawodowy wymaga doskonalenia zdolności przywódczych.

to increase – zwiększyć
My recent achievements helped me to increase my self-confidence.
Moje ostatnie osiągnięcia pomogły mi zwiększyć poczucie pewności siebie.

increase – wzrost, zwiększenie
An increase in the scope of responsibilities may be the case in the future.
W przyszłości może nastąpić zwiększenie zakresu odpowiedzialności.

to initiate – wszcząć, rozpocząć
I would usually initiate brainstorming and discussions at team meetings.
Na ogół rozpoczynałem dyskusje i burze mózgów na spotkaniach zespołu.

initiation – rozpoczęcie
The impulse for the initiation of my professional development came with beginning to learn English.
Impulsem do rozpoczęcia rozwoju zawodowego było dla mnie podjęcie nauki angielskiego.

• •

to inspect – kontrolować
It was my duty to inspect all the documentation to check whether everything was in order.
Moim obowiązkiem było kontrolowanie dokumentacji i sprawdzanie, czy wszystko jest w porządku.

inspection – kontrola
It would be a good idea for you to carry out both official and covert inspections.
Dobrym pomysłem byłoby, gdybyś przeprowadzał kontrole zarówno oficjalne, jak i niejawne.

to install – instalować
What are your skills with regard to computer-assisted work and installing new software?
Jakie są twoje umiejętności w zakresie pracy z komputerem i instalowania nowego oprogramowania?

installation – instalacja
The installation of new programs can facilitate the work of the whole company.
Instalacja nowych programów może usprawnić pracę całej firmy.

to interpret – tłumaczyć, interpretować
How would you interpret the following graph?
Jak wytłumaczyłbyś następujący wykres?

interpreter – tłumacz ustny
I used to act as an interpreter for my boss in less important business talks.
Pełniłem funkcję tłumacza ustnego mojego szefa w mniej ważnych rozmowach służbowych.

interpretation – tłumaczenie, interpretacja
My interpretation of these facts is an innovative one.
Moja interpretacja tych faktów jest nowatorska.

to introduce – wprowadzić
What changes would you try to introduce in order to streamline production?
Jakie zmiany wprowadziłaby pani w celu usprawnienia produkcji?

➡ Language note
Streamlining to bardzo użyteczne słowo. Oznacza ono generalnie *usprawnienie, ulepszenie, poprawienie*; używa się go bardzo często w kontekście poprawy działania firmy.

● ●

introduction – wprowadzenie
The introduction of changes to the production process may prove necessary.
Wprowadzenie zmian w procesie produkcji może się okazać niezbędne.

to invent – wynaleźć, opracować, odkryć
We would use brainstorming and group discussions to invent new ways of dealing with old problems.
Stosowaliśmy burze mózgów i dyskusje grupowe, żeby odkryć nowe sposoby rozwiązywania starych problemów.

invention – wynalazek, odkrycie
I pride myself in making new inventions regarding the solution of existing problems.
Szczycę się odkrywaniem nowych sposobów rozwiązywania istniejących problemów.

to investigate – badać
It is necessary to investigate all failures in order to draw lessons for the future.
Należy badać wszystkie porażki, aby czerpać z nich naukę na przyszłość.

investigation – badanie, kontrola
How would you conduct an investigation of the following situation?
Jak skontrolowałbyś następującą sytuację?

to justify – uzasadnić
Please justify your reasons for quitting your previous job.
Uzasadnij, dlaczego zrezygnowałeś z poprzedniej pracy.

justification – uzasadnienie
What is your justification for the bad results of your previous company?
Jakie jest twoje uzasadnienie złych wyników twojej poprzedniej firmy?

to lead – prowadzić, dowodzić, przewodzić
Leading a team of people is a big responsibility.
Przewodzenie zespołowi ludzi to wielka odpowiedzialność.

leader – przywódca, szef
I am a good leader, my subordinates trust me.
Jestem dobrym szefem, moi podwładni mi ufają.

leadership – przywództwo, kierownictwo
How would you describe your leadership of a group?
Jakbyś opisał swoje przywództwo w grupie?

• •

to locate – lokalizować
I was in charge of locating new company branches.
Byłem odpowiedzialny za lokalizowanie nowych oddziałów firmy.

location – miejsce, położenie, lokalizacja
What location would you choose for the new office of our company?
Jaką lokalizację wybrałbyś dla nowego oddziału naszej firmy?

to manage – zarządzać
At my last job I used to manage human resources.
W poprzedniej pracy zarządzałem zasobami ludzkimi.

management – zarządzanie; kierownictwo
What do you expect from the company management?
Czego oczekujesz od kierownictwa firmy?

manager – kierownik
Our managers pay special attention to the creativity of their employees.
Nasi kierownicy zwracają szczególną uwagę na kreatywność swoich pracowników.

to maintain – utrzymywać, prowadzić
I used to maintain the documentation of respective projects.
Prowadziłem dokumentację odpowiednich projektów.

maintenance – konserwacja
My tasks included also the maintenance of all the office equipment.
Do moich zadań należała też konserwacja sprzętu biurowego.

to mechanise – mechanizować
Although it may be useful to mechanise certain processes, one must avoid routine.
Mimo że zmechanizowanie niektórych procesów może być przydatne, należy unikać rutyny.

mechanisation – mechanizacja
It was the mechanisation of work in my previous job that enticed me to resign.
Mechanizacja pracy w mojej poprzedniej firmie skłoniła mnie do odejścia.

to merge – połączyć
One way of avoiding obsolete teams is to merge them, so that they work together and faster on a given project.
Sposobem eliminacji bezużytecznych zespołów jest łączenie ich w większe, by razem pracowały szybciej nad danym projektem.

merger – fuzja, połączenie
How could we use a merger of our ancillary companies?
Jak moglibyśmy wykorzystać połączenie naszych spółek zależnych?

to motivate – motywować
It is the task of the manager to motivate the company staff for better work.
Zadaniem kierownika jest motywowanie personelu do lepszej pracy.

motivation – motywacja
What motivation do you have for further development?
Jaka jest twoja motywacja do dalszego rozwoju?

to negotiate – negocjować
Good negotiating skills are among my strong points.
Zdolności negocjacyjne są moją mocną stroną.

negotiations – negocjacje
Do you think team problems can be resolved through talks and negotiations?
Czy sądzisz, że problemy zespołu można rozwiązywać poprzez rozmowy i negocjacje?

to operate – działać
In what fields of business have you operated so far?
W jakich obszarach biznesu dotychczas działałeś?

operation – działanie
The operation of a company cannot be hampered by internal conflicts.
Konflikty wewnętrzne nie mogą utrudniać działania firmy.

to organise – organizować
How do you organise your work in stressful circumstances?
Jak organizujesz sobie pracę w stresujących okolicznościach?

organisation – organizacja
How would you describe an efficient work organisation?
Jak opisałabyś skuteczną organizację pracy?

• •

to overcome – przezwyciężyć
How do you overcome difficulties at work?
Jak przezwyciężasz trudności w pracy?

to perceive – postrzegać
How do you perceive your role in this company?
Jak postrzegasz swoją rolę w tej firmie?

to perform – wykonywać
How do you propose to perform the work you are applying for?
Jak zamierzasz wykonywać pracę, o którą się ubiegasz?

performance – wykonanie, wyniki
What influence does stress have on your performance at work?
Jaki wpływ na twoje wyniki ma stres?

to plan – planować
Do you like to plan your work in advance or do you prefer to improvise?
Lubisz planować swoją pracę z wyprzedzeniem, czy wolisz improwizować?

to prepare – przygotować
How did you prepare yourself for this interview?
W jaki sposób przygotowałeś się do tej rozmowy?

preparation – przygotowanie
You now have a couple of minutes for preparation; then present us the facts.
Masz teraz parę minut na przygotowanie, następnie przedstawisz nam fakty.

to present – przedstawić
Please present us the following figures in your own words and draw conclusions from them.
Przedstaw następujące dane liczbowe własnymi słowami i wyciągnij z nich wnioski.

presentation – przedstawienie, prezentacja
I am fully capable of preparing a professional PowerPoint presentation.
Potrafię bez problemu przygotować profesjonalną prezentację w aplikacji PowerPoint.

to process – przetwarzać
I used to analyse the data provided, process it and draw conclusions from them.
Analizowałem dostarczane mi dane, przetwarzałem je i wyciągałem z nich wnioski.

to promote – awansować
What are the chances of being promoted?
Jakie są możliwości awansu?

promotion – awans
A promotion comes as an effect of outstanding results.
Awans przyznajemy jako nagrodę za wybitne osiągnięcia.

to provide – zapewnić
It was my job to provide our clients with all the services they required.
Moim zadaniem było zapewnianie realizacji wszystkich wymaganych przez klientów usług.

to purchase – kupić
How would you go about purchasing the necessary equipment?
Jakbyś się zabrał do kupowania niezbędnego sprzętu?

purchase – zakup
I planned and supervised the purchases of office equipment.
Planowałam i nadzorowałam zakup sprzętu biurowego.

to raise – zwiększyć
How do you propose to increase efficiency without raising costs?
Jak podniósłbyś wydajność bez zwiększania kosztów?

to recommend – zalecać
What changes would you recommend to our company?
Jakie zmiany zalecałbyś naszej firmie?

recommendation – zalecenie
It is our recommendation that you undergo further training at the company expense.
Naszym zaleceniem jest, aby przeszedł pan dalsze szkolenie na koszt firmy.

● ●

to record – dokumentować, archiwizować
It was my task to record all invoices received and made out by our company.
Moim zadaniem było archiwizowanie faktur otrzymywanych i wystawianych przez naszą firmę.

records – archiwa, dokumentacja
One of my responsibilities was to keep the company's records and maintain them in good order.
Jednym z moich zadań było prowadzenie dokumentacji firmy i utrzymywanie jej w należytym porządku.

to recruit – rekrutować
We are recruiting for the post of receptionist.
Rekrutujemy osoby na stanowisko recepcjonisty.

recruitment – rekrutacja
We will keep you posted as to the progress of recruitment.
Będziemy pana powiadamiać na bieżąco o postępie rekrutacji.

to select – wybrać
Please select the adjectives from the list which best describe you.
Wybierz z listy przymiotniki najlepiej cię opisujące.

selection – wybór
If you were to make a selection, which solution would you choose?
Gdybyś miał dokonać wyboru, które rozwiązanie byś wybrał?

to service – obsługiwać
In my previous job I was charged with servicing customer complaints.
W poprzednim miejscu pracy byłem odpowiedzialny za obsługiwanie reklamacji klientów.

services – usługi
I always wanted to work in services in order to put my training of communicative skills into practice.
Zawsze chciałem pracować w usługach, żeby móc w praktyce wykorzystać szkolenie z zakresu zdolności komunikacyjnych.

to solve – rozwiązać
How do you propose to solve this theoretical problem?
Jak proponujesz rowiązać ten problem teoretyczny?

solution – rozwiązanie
I take pride in finding innovative solutions to existing problems.
Szczycę się znajdowaniem innowacyjnych rozwiązań istniejących problemów.

to stimulate – stymulować, zachęcać
The course in accounting I recently completed stimulated me to start a new phase in my career.
Ukończony przeze mnie ostatnio kurs księgowości zachęcił mnie do rozpoczęcia nowego etapu kariery.

strength – siła; mocny punkt, zaleta
What are your strengths and weaknesses?
Jakie są twoje wady i zalety?

to strengthen – wzmocnić
In what way do you intend to strengthen our team?
W jaki sposób zamierzasz wzmocnić nasz zespół?

subordinate – podwładny
When appointed as a project manager, I always listen to the ideas of my subordinates.
Gdy jestem wyznaczony na kierownika projektu, zawsze słucham pomysłów moich podwładnych.

to summarise – podsumować
Please summarise in short your achievements to-date.
Proszę krótko podsumować swoje najnowsze osiągnięcia.

superior – zwierzchnik
What do you expect of your superiors?
Czego oczekujesz od swoich zwierzchników?

to supervise – nadzorować
During stressful periods I would supervise several projects at a time.
W trudnych okresach nadzorowałem kilka projektów jednocześnie.

supervision – nadzór
Close supervision prevents employees from making mistakes.
Ścisły nadzór zapobiega popełnianiu błędów przez pracowników.

to support – wspierać, popierać, udzielać poparcia
   I support my subordinates and their ideas.
   Popieram moich podwładnych i ich pomysły.

to transform – przekształcić
   How do you propose to transform this company in order to achieve greater efficiency?
   Jak proponujesz przekształcić naszą firmę, by osiągnęła większą wydajność?

Expressions to use

Some of the expressions you may want to include during your job interview:

efficient – efektywny, skuteczny
reliable – godny zaufania; taki, na którym można polegać
responsible – odpowiedzialny
well-organised – dobrze zorganizowany

I am
a dynamic
an efficient
an energetic
a responsible
a reliable
a well-organised   person

fair – uczciwy
firm – stanowczy
focused – skoncentrowany na zadaniu, skupiony
proactive – wykazujący inicjatywę, nieczekający biernie na przydział obowiązków

I try to be
fair
firm
focused
proactive

extensive – dogłębny
proven track record – doświadczenie, udokumentowane osiągnięcia
take the initiative – przejąć inicjatywę
track record – historia działalności, osiągnięcia
under pressure – w sytuacji stresowej

I can work/perform well under pressure.
I am willing to take the initiative.
I have a proven track record in ...
I have extensive knowledge of ...
I am able to delegate ...
I can work effectively in a team.
I am fluent in ...
I have a good knowledge of ...
I have extensive experience in/of ...

initiating – rozpoczynanie
liaising – kontaktowanie się
liaison officer – łącznik, osoba kontaktowa
reviewing – dokonywanie przeglądu
setting up – zakładanie

I was responsible for
coordinating
developing
implementing
initiating
liaising
monitoring
negotiating
organising
reviewing
setting up

25 critical questions
and answer strategies

Probably the most important aspect of interviewing in English is giving detail. As a speaker of English as a second language, you might feel shy about saying complicated things. However, this is absolutely necessary as the employer is looking for an employee who knows his or her job. If you provide detail, the interviewer will know that you feel comfortable in that job. Don't worry about making mistakes in English. It is much better to make simple grammar mistakes and provide detailed information about your experience than to say grammatically perfect sentences without any real content.

Before you begin ...

The very first question that the interviewer may ask could be something like:
How are you?

It is absolutely vital to remember that this is just an opener, not a real question, so NEVER answer:
Not so well / So so / Could be better.

The only possible answer here is:
I'm fine, thank you. How are you?

There may be one or two more opening questions, like *What do you think of the weather?* or *Did you have any trouble finding us?*

Keep your answers short and precise, bearing in mind they are just an introduction, an ice-breaker before the real fun begins.

bearing in mind – pamiętając
content – zawartość, treści merytoryczne
feel comfortable – dobrze się czuć
giving detail – podawanie szczegółów
ice-breaker – pytanie mające na celu przełamanie pierwszych lodów; lodołamacz
opener – zagajenie
precise – dokładne
provide – podawać, dostarczać
so so – tak sobie

1. Tell me something about yourself.

cover a topic – omówić temat
emphasize – podkreślić
warm-up question – pytanie na rozgrzewkę
waste your best points – marnować atuty
work-related experience – doświadczenie związane z pracą

This question is somewhere between purely formal questions opening the interview and the proper interview questions. Don't talk too much. Limit your answer to a minute or two. Cover three topics: education, work history, and recent professional experience. Concentrate on the last. Your answer should concentrate rather on your skills than your personal life. While it is important to give an overall impression of who you are, make sure to concentrate on work-related experience. Work-related experience should **always** be the central focus of any interview (work experience is more important than education in most English speaking countries). You might want to mention what you have learnt from your previous employment. Remember that this is likely to be a warm-up question and will often be used to help the interviewer choose what they would like to ask next. Don't waste your best points on it.

2. What do you know about our company?

revenues – przychody
troubled times – ciężkie czasy
website – strona internetowa
work environment – środowisko pracy

You should be able to discuss products or services, image, goals, problems, or even competition. Show that you have done your homework, and you had time to do some research, but make it clear that you want to learn more.

Good way to start your answer: *I've visited your website. And I find that your company interests me, for the following reasons ...* Try to sound positive. Don't say: *Seems that you are in troubled times, so I thought I might help.*

A follow-up to that question may be: *Do you have any questions about our company?* This would be a good time to ask for more details about some aspect of the company's organisational structure or products. You could also ask questions about the community, their training program or details about the work environment. It is NOT a good time to ask about the salary.

1. Proszę opowiedzieć coś o sobie.

Pytanie to sytuuje się gdzieś pomiędzy kwestiami typowo otwierającymi a właściwą rozmową. Nie wolno się nad nim za bardzo rozwodzić, odpowiedź nie powinna przekraczać 1–2 minut. Należy poruszyć trzy tematy: wykształcenie, historię zatrudnienia oraz niedawne doświadczenia zawodowe, ze szczególnym uwzględnieniem tego ostatniego. Trzeba mówić raczej o umiejętnościach niż o szczegółach życia osobistego. Ważna jest co prawda także autoprezentacja ogólna, ale skoncentrować się należy na szczegółach związanych z doświadczeniami zawodowymi. Doświadczenia te winny **zawsze** być elementem centralnym każdej rozmowy kwalifikacyjnej (w większości krajów anglosaskich doświadczenie zawodowe liczy się o wiele bardziej niż wykształcenie). Można wspomnieć o rzeczach, których nauczyliśmy się w poprzednich miejscach pracy. Pamiętać jednak należy, iż jest to swego rodzaju pytanie na rozgrzewkę, które przeprowadzający rozmowę często wykorzystuje jako czas dla siebie na przygotowanie następnych pytań. Zatem nie wystrzelaj od razu swoich najlepszych pocisków.

2. Co wiesz o naszej firmie?

Trzeba być w stanie rozmawiać o produktach i usługach, o wizerunku, celach, problemach, a nawet o konkurencji. Odpowiedź musi świadczyć o tym, że odrobiłeś pracę domową i poświęciłeś na to czas, ale powinno być jasne, że chcesz się dowiedzieć więcej.

Możesz na przykład zacząć tak: *Odwiedziłem waszą stronę. Wasza firma zainteresowała mnie z następujących powodów...* Musisz tutaj brzmieć pozytywnie, nie należy mówić: *Macie chyba kłopoty, więc pomyślałem, że mogę pomóc.*

Następnym pytaniem może być: *Czy masz jakieś pytania odnośnie do naszej firmy?* To dobry moment, żeby zapytać o niejasne aspekty struktury organizacyjnej firmy czy o jej produkty. Można zapytać również o pracowników, środowisko pracy w firmie czy o programy szkoleniowe. NIE NALEŻY w tym momencie pytać o wynagrodzenie.

skill with numbers – zdolności matematyczne
speak in terms of something – mówić w kontekście czegoś
take someone in – oszukać kogoś

3. Why are you here / why do you want to work for our company?

Don't say anything like: *Because I like the company* or *Because I have nothing better to do*.

A good answer to this question results from having done your homework: you need to speak about the company's needs and requirements. One option is to say that your research has shown that the company field of business is something you would like to be involved with, and that it conducts its activities in ways that greatly interest you.

For example, if the organization has a reputation for strong management, your answer should involve this information and show that you would like to become a member of their team. If the company places a great deal of emphasis on research and development, emphasise the fact that you want to create new things and that you know this is a place in which such activity is encouraged. If the organisation stresses financial controls, your answer should mention your skill with numbers.

Your preparation for the interview should include learning enough about the company to avoid approaching places where you wouldn't be able – or wouldn't want – to function. Since most of us are not good at lying, it is difficult to take anyone in at an interview. But even if you should succeed at it, your prize is a job you don't really want.

3. Dlaczego chcesz pracować dla naszej firmy?

Najgorszą możliwą odpowiedzią jest: *Bo podoba mi się ta firma* albo *Bo nie mam nic lepszego do roboty.*

Dobra odpowiedź na to pytanie jest wynikiem odrobienia pracy domowej: należy mówić o potrzebach i wymogach firmy. Jedną z możliwości jest stwierdzenie, iż z informacji zdobytych na temat firmy wynika, że dziedzina jej działalności to coś, czym i ty chcesz się zajmować, i że firma ta prowadzi działalność w sposób, który cię interesuje.

Na przykład, jeśli firma znana jest z dobrego zarządzania, trzeba to uwzględnić w odpowiedzi i wykazać, że chcesz być częścią dobrze zarządzanego zespołu. Jeśli ważne dla firmy są badania i rozwój, należy podkreślić fakt, że chce się uczestniczyć w tworzeniu nowych rzeczy i że akurat w tej firmie panuje po temu sprzyjająca atmosfera. Jeśli firma zajmuje się głównie kontrolą finansową, trzeba powiedzieć coś o swoich talentach arytmetycznych.

Praca domowa powinna polegać na zebraniu wystarczającej ilości informacji o firmie, tak abyś nie ubiegał się o stanowisko, na którym nie chcesz albo nie możesz pracować. Ponieważ większość z nas kiepsko kłamie, trudno jest oszukać kogoś w trakcie rozmowy kwalifikacyjnej, a nawet jeśli ci się to uda, nagrodą będzie praca, której tak naprawdę nie chcesz.

4. What can you do for us that nobody else can?

clinical practice – praktyka kliniczna
driving skills – umiejętności kierowcy
promote oneself – promować siebie
setting priorities – ustawianie priorytetów
valuable – cenny

Here comes your chance to promote yourself. Talk about your achievements and mention facts from your past or list a few of your professional accomplishments. Stress the fact that your skills and interests make you valuable. Mention your abilities, like setting priorities, identifying problems, excellent driving skills, good clinical practice and the like.

5. What skills do you have that would benefit our company?

adapt – przystosowywać się
elaborate – rozwinąć temat

If your skills are not exactly those that the company may have requested, you can point out the skills you have that would be valuable to any company, e.g. your ability to plan and execute long-term projects, to organise information into usable data, to research complicated issues or to work well with a team. If your skills are not perfect for this particular company, you can mention how quickly you were able to adapt and learn in other situations. Again, be prepared with specific examples in case you are asked to elaborate.

6. What type of position are you applying for?

entry level position – stanowisko, od którego rozpoczyna się pracę w firmie
non-national – osoba niebędąca obywatelem danego kraju

You should be willing to take an entry level position in an English speaking company as most of these companies expect non-nationals to begin with such a position. In the United States, most companies provide many opportunities for growth, so don't be afraid to start from the beginning!

4. Co możesz zrobić dla nas, czego nie może zrobić nikt inny?

Tutaj masz okazję do pokazania się z jak najlepszej strony. Mów o swoich osiągnięciach i wspomnij o danych z życiorysu lub z listy osiągnięć zawodowych. Podkreśl fakt, iż twoje umiejętności i zainteresowania czynią z ciebie cenny nabytek. Koniecznie trzeba wspomnieć o zdolnościach określania priorytetów i problemów, o doskonałych umiejętnościach w zakresie jazdy samochodem, o dużej praktyce klinicznej itp.

5. Które z twoich umiejętności przydadzą się w naszej firmie?

Jeśli twoje umiejętności to nie do końca jest to, czego firma wymaga, możesz wskazać na cechy, które są przydatne w każdej firmie, np.: umiejętność planowania i wykonywania projektów długoterminowych, sztuka organizowania informacji w formę danych gotowych do przetwarzania, talent do zgłębiania skomplikowanych zagadnień albo do pracy w zespole. Jeśli twoje umiejętności w danym kontekście nie są doskonałe, możesz wspomnieć o tym, że szybko się uczysz i dostosowujesz. Tu też dobrze jest mieć kilka przykładów przygotowanych na wypadek dodatkowych pytań.

6. O jakie stanowisko się ubiegasz?

W firmach anglosaskich należy zaczynać od bardzo podstawowych stanowisk, ponieważ większość firm tego właśnie oczekuje od pracowników-cudzoziemców. W Stanach Zjednoczonych możliwy jest jednak bardzo szybki awans, zatem nie bój się zaczynać od zera.

7. What do you find most attractive about the job? What is least attractive about it?

awkward – niezręczny
factor – czynnik
list – wymienić

List three or four attractive factors of the job, and mention a single unattractive item. Be sure to have the answers prepared in advance; your homework of learning about the company will make it easier for you and during the interview you will not be forced to improvise, which might sometimes result in awkward situations.

8. What do you look for in this job?

contribution – wkład, dokonania
opportunities – szanse, możliwości
something lasting – coś trwałego
training potential – możliwości szkoleń

Try to stress the opportunities at this company, training potential, possibility to develop as an employee. Think of possibilities of contributing something lasting to the company.

9. When will you be able to make an important contribution to our firm?

demand – wymóg, sprawa, kwestia
learn the ropes – poznać podstawy
make a difference – tu: dokonać czegoś znaczącego
pay off – opłacać się
pressing – pilny
regret – żałować

Answer realistically. Say that, while you would expect to integrate yourself in the corporate structure right away and learn the ropes as soon as you can, it might take several months before you could expect to know the company well enough to make a difference. It does not pay off to lie to a question like that: if you are too optimistic or want to make too good an impression, the truth will become known in a short time after your employment and you do not want your employer to regret having employed you.

7. Co uważasz za najatrakcyjniejsze na tym stanowisku, a co za najmniej atrakcyjne?

Podaj trzy lub cztery rzeczy, które twoim zdaniem są atrakcyjne oraz jedną nieatrakcyjną. W tym przypadku zdecydowanie trzeba przygotować odpowiedzi wcześniej. Dzięki odrobionej pracy domowej o firmie nie będziesz musiał improwizować w czasie rozmowy – taka improwizacja może niekiedy doprowadzić do sytuacji niezręcznych.

8. Czego oczekujesz po tej pracy?

Tutaj należy skupić się na szansach dawanych przez firmę, na opcjach szkoleniowych i możliwościach rozwoju osobistego. Weź pod uwagę możliwości wniesienia trwałego wkładu w działalność firmy.

9. Ile czasu zajmie ci wniesienie znaczącego wkładu w rozwój naszej firmy?

Bądź realistą! Powiedz, że choć będziesz się osobiście angażować i już od pierwszego dnia będziesz starać się w pełni uczestniczyć w życiu firmy, może upłynąć około pół roku do roku, zanim uda ci się poznać dobrze firmę i jej potrzeby, i dopiero wtedy będziesz mógł wnieść jakiś znaczący wkład. Nie opłaca się kłamać przy pytaniach tego rodzaju. Jeśli będziesz zbytnim optymistą lub będziesz chciał zrobić zbyt dobre wrażenie, to i tak prawda szybko wyjdzie na jaw, a nie chcesz przecież, żeby pracodawca żałował decyzji o zatrudnieniu cię.

beyond the point –
  nieistotne
exaggerate – przesadzać
trap – pułapka
**welcome something with
  open arms** – przyjąć coś
  z otwartymi ramionami

10. How do you react to constructive criticism?

This seems an easy question, but there is a trap. Noone likes being criticised, so you cannot say: *I welcome such criticism with open arms!*

Do not exaggerate, but say calmly that you try to accept any ideas provided in such criticism if they are sensible and adapt them in your work. You mustn't say anything about liking or disliking the person who offers such criticism, as that is beyond the point.

challenge – stanowić
  wyzwanie
profit – odnosić korzyść
stimulate – stymulować

11. How long do you plan to stay with us?

Say that you are interested in staying with the company, but that you will remain as long as both you and the company will profit from the relationship. Say that you will do your best for the company and expect the company to stimulate and challenge you in return.

benefit from something –
  skorzystać z czegoś
managerial position – stanowisko kierownicze
previous – poprzedni
stepping stone – stopień,
  etap

12. Where do you expect your career to be in 10 years?

Watch out here and remember the answer to the previous question. You do not want to give the impression that you're simply using this company as a stepping stone to another career. Think of a related managerial position within the company that would interest you. What may interest you is a situation benefiting both you and the company.

10. Jak reagujesz na konstruktywną krytykę?

Mimo że pytanie to wydaje się proste, w rzeczywistości jest podchwytliwe. Nikt nie lubi być obiektem krytyki; nie możesz więc powiedzieć, że zawsze chętnie taką formę krytyki przyjmujesz.

Nie przesadzaj, po prostu powiedz spokojnie, że starasz się przyjmować wszelkie sugestie przekazywane w ramach konstruktywnej krytyki oraz brać je pod uwagę w swojej pracy. Nigdy nie mów o sympatii lub antypatii do osoby przekazującej krytykę – to bez znaczenia.

11. Ile czasu planujesz z nami pozostać?

Powiedz, że interesuje cię kariera w tej firmie, ale zaznacz, że pozostaniesz tak długo, jak długo sytuacja będzie korzystna zarówno dla ciebie, jak i dla samej firmy. Powiedz, że na miarę swoich sił będziesz działać na rzecz firmy i oczekujesz, że firma w zamian będzie cię inspirowała do rozwoju i dostarczała ci wyzwań.

12. Na jakim etapie kariery widzisz się za 10 lat?

Odpowiadając na to pytanie, uważaj – pamiętaj o swojej odpowiedzi na pytanie poprzednie. Nie chcesz przecież sprawić wrażenia, jakbyś wykorzystywał nową firmę wyłącznie jako szczebel w karierze. Pomyśl o innych stanowiskach kierowniczych, które mogłyby cię interesować. Obiektem twojego zainteresowania powinna być sytuacja korzystna zarówno dla ciebie, jak i dla firmy.

13. What were your tasks and responsibilities in your former job?

common mistakes – powszechne błędy
former employment – poprzednie zatrudnienie

Pay attention to the amount of detail necessary when you are talking about your experience. One of the most common mistakes made by foreigners when discussing the tasks and responsibilities their former employment required is to speak too generally. The employer wants to know exactly what you did and how you did it; the more detail you can give, the more the interviewer knows that you understand the type of work. Remember to vary your vocabulary when talking about your responsibilities. Also, do not begin every sentence with 'I'. Use our expression and grammar guide to help you with that.

14. You may be over-qualified or too experienced for this position. What do you say to that?

assume – zakładać
emphasize – podkreślić
establish – ustanowić, rozpocząć
executives – personel kierowniczy, zarządzający
long-term – długoterminowy
return on investment – zwrot z inwestycji

Emphasize your interest in establishing a long-term association with the organisation, and say that you assume that if you perform well in this job, new opportunities will open up for you. Mention that a strong company needs strong staff. Observe that experienced managerial staff is always needed. Suggest that since you are so well-qualified, the employer will get a fast return on his investment. Say that a growing, energetic company can never have too much talent. There are many ways of convincing your future employer about the reasonability of the idea of employing you. The point is not to get discouraged. Such a question may also make a good test of your reasoning and negotiating skills.

13. Jakie były twoje zadania i obowiązki w poprzednim miejscu pracy?

Należy zwrócić uwagę na liczbę szczegółów niezbędnych przy rozmowie o doświadczeniu. Jednym z najczęstszych błędów popełnianych przez obcokrajowców jest zbyt ogólne opisywanie zakresu zadań i obowiązków w poprzednim miejscu pracy. Twój przyszły pracodawca chce wiedzieć ze szczegółami, jaki był twój zakres obowiązków i jak je wykonywałeś. Im więcej szczegółów będziesz w stanie przedstawić rozmówcy, tym większą będzie on miał pewność, że znasz się na swojej pracy. Pamiętaj o różnicowaniu słownictwa podczas opowiadania o swoich obowiązkach. Nie zaczynaj wszystkich zdań od „ja". W planowaniu odpowiedzi na to pytanie skorzystaj z części słownikowej (s. 82–102) i gramatycznej (s. 80–81).

14. Być może masz zbyt wysokie kwalifikacje na to stanowisko. Co o tym sądzisz?

Podkreśl swój zamiar nawiązania długoterminowego kontaktu z firmą oraz zaznacz, że zdajesz sobie sprawę, iż dzięki sumiennemu wypełnianiu obowiązków nowe możliwości staną przed tobą otworem. Wspomnij, że dobra firma potrzebuje dobrego personelu. Zauważ, że doświadczeni pracownicy szczebla kierowniczego są zawsze potrzebni. Zasugeruj, że z uwagi na twoje wysokie kwalifikacje inwestycja w ciebie szybko się firmie zwróci. Podkreśl, że w rozwijającej się i dynamicznej firmie nigdy nie ma zbyt wielu utalentowanych pracowników. Istnieje wiele możliwości przekonania przyszłego pracodawcy co do zasadności zatrudnienia właśnie ciebie. Chodzi o to, żeby się nie zniechęcać. Pytanie tego typu może być dobrym sprawdzianem umiejętności argumentacji i negocjacji.

appreciate – docenić
drawback – wada
improvise – improwizować
passively – biernie, pasywnie
tackle a problem – radzić sobie z problemem
temper – popędliwy charakter
veer – rozmijać się

15. What are your strong and weak points?

Again, it is important to have answers to this question prepared in advance and not to improvise. Try not to veer from the truth too wide, as should you become employed, the truth will become known soon enough, but before that happens you will have a miserable time. A tricky problem is how many strong points you should mention, as this cannot turn into a one-person show. Two or three would be a good idea.

You **must** also mention a drawback. Everyone has some drawbacks. But then again, don't mention weaknesses that would obviously disqualify you. **Never** talk of things like laziness, inability to come to work on time or choleric temper. You really need to mention a weakness that can be perceived as a strength, like tendency to stay at work until a task is completed or perfectionism. You may pick one or two weak points and tell about them, but in an optimistic way: say how you have learnt to tackle them and how you draw lessons from situations in which your weaknesses became visible. Mention the ways you use to cope with your weaknesses, which would show your pro-active approach and would be proof to the fact that you do not perceive your drawbacks passively.

16. Have you ever had to fire anyone? How did you do that?

fire somebody – wyrzucić kogoś z roboty
hapless – nieszczęsny
humane – po ludzku
sack somebody – zwolnić kogoś

Of course, a situation of sacking someone is not easy for anyone. Here you have to demonstrate that you are able to combine the ability to think of the company, but with a humane approach, trying not to hurt too much the hapless person concerned.

15. Jakie są twoje mocne i słabe strony?

Ważne jest, abyś odpowiedź na to pytanie miał przygotowaną z góry; improwizacja jest tu bowiem niewskazana. Nie należy odchodzić od prawdy w zbyt dużym stopniu – jeśli cię zatrudnią, prawda i tak szybko wyjdzie na jaw, ale zanim tak się stanie, będziesz mieć kłopoty. Problemem może tu być podjęcie decyzji, ile mocnych punktów wymienić – rozmowa kwalifikacyjna nie powinna być teatrem jednego aktora. Najlepiej jest wymienić dwie lub trzy rzeczy.

Musisz także powiedzieć o słabych stronach. Każdy przecież takie ma. Nie wymieniaj jednak wad, które automatycznie dyskwalifikują cię jako pracownika. Nigdy nie mów o lenistwie, spóźnialstwie lub o wybuchowym temperamencie. Trzeba wspomnieć o słabości, która może być postrzegana również jako zaleta, np. zwyczaj pozostawania w pracy do momentu ukończenia danego zadania albo perfekcjonizm. Można wspomnieć o maksymalnie dwóch słabych stronach, ale w sposób optymistyczny – powiedz, jak nauczyłeś się radzić sobie z nimi i w jaki sposób poradziłeś sobie w sytuacji, w której dana słabość wyszła na jaw. Opisz sposoby radzenia sobie ze słabościami, co podkreśli twój aktywny stosunek do nich.

16. Czy kiedykolwiek musiałeś kogoś zwolnić? Z jakich powodów i jak sobie z tym poradziłeś?

Sytuacja zwalniania pracownika nie jest łatwa. Musisz wykazać, że potrafisz łączyć umiejętność działania na korzyść firmy z ludzkim podejściem do pracownika i że zawsze starasz się nie krzywdzić osoby zwalnianej.

17. What do you think is the most difficult thing about being a [name of your post]?

beforehand – wcześniej
overcome – przezwyciężyć

This is a question that needs to be thought about beforehand. We cannot really provide you ready answers, as answers depend on the type of position. However, whenever you mention a difficulty, be ready with the solutions for it or with your skills that may help you in overcoming that difficulty.

18. What important trends do you see in our field?

field, industry – branża
substantiate – uzasadnić

This question is aimed at checking whether you are aware of current situations, whether you follow the news etc. Be prepared with two or three pieces of information that would substantiate your claims of understanding the industry.

19. Why did you leave your last job?

be laid off /sacked – zostać zwolnionym
be made redundant – zostać zredukowanym
career opportunities – szanse zawodowe
honest – szczery
upward mobility – awans

As we pointed out in '10 things not to do', NEVER speak badly of your former employer. Don't spend too much time on that question, and try to stick to important details. Explain why you left – if you were laid off (or were made redundant) for general reasons, be sure to say that! Do not mention any conflicts. In case of a Pole seeking a job abroad, this most likely will be the case of seeking more financial profit, career opportunities or upward mobility. The employer should understand it well enough.

20. How do you feel about leaving all behind – friends, family, country – to find a new job?

take the risk – podjąć ryzyko

Mention that you are concerned, naturally, but not panicked. You are willing to accept some risk to find the right job for yourself. Say that you are aware of the risks of parting, but are willing to take them.

17. Jaka twoim zdaniem jest najtrudniejsza rzecz związana z posadą [nazwa stanowiska]**?**

Odpowiedź na to pytanie należy opracować przed rozmową. Nie możemy przedstawić jedynej słusznej odpowiedzi, jako że będzie ona inna dla każdego stanowiska. Musisz jednak zwrócić uwagę, aby każdorazowo przy wymienianiu trudności przedstawić pomysł jej przezwyciężenia lub wspomnieć o posiadanych przez ciebie umiejętnościach, które okażą się w tym pomocne.

18. Jakie ważne tendencje dostrzegasz w naszej branży?

Pytanie to ma na celu sprawdzenie, czy jesteś świadomy bieżącej sytuacji na rynku, czy zdobywasz informacje na ten temat itp. Przygotuj sobie dwie lub trzy informacje, które potwierdziłyby twoje rozeznanie w branży.

19. Dlaczego zrezygnowałeś z poprzedniej pracy?

Jak już radziliśmy w rozdziale „10 things not to do", NIGDY nie mów źle o poprzednim pracodawcy. Nie rozwódź się za bardzo nad odpowiedzią na to pytanie i staraj się trzymać istotnych szczegółów. Wyjaśnij, dlaczego odszedłeś – jeżeli zostałeś zwolniony (lub Twoje stanowisko zlikwidowano) z przyczyn ogólnych, powiedz to! Nie wspominaj o konfliktach. W przypadku Polaków szukających pracy za granicą powodem rezygnacji z poprzedniej pracy będą najprawdopodobniej: chęć uzyskania wyższych zarobków, poszukiwania możliwości rozwoju kariery lub awansu społecznego. Pracodawca powinien to zrozumieć.

20. Jakie są twoje odczucia związane z porzuceniem wszystkiego – przyjaciół, rodziny, kraju – w celu znalezienia nowej pracy?

Zaznacz, że oczywiście martwi cię to, ale jesteś daleki od paniki. Zgadzasz się podjąć ryzyko w celu znalezienia pracy właściwej dla siebie. Powiedz, że zdajesz sobie sprawę z ryzyka rozstania, jesteś jednak gotów je podjąć.

21. In your last position, what did you like the most? The least?

Be positive and remember to describe more features that you liked than disliked. You may feel free to discuss the chances that the new job abroad will give you compared to your position in Poland. Don't be too negative about the Polish job – this always makes a bad impression.

22. What do you think of your present / former boss?

Again, be as positive as you can. If you criticise your old boss, your new boss will ask him- or herself a question whether you would also criticise him or her in the future.

23. How much would you like to earn?

revert – odwrócić
salary range – widełki płac
sensitive – delikatne

This is perhaps the most delicate and sensitive question of all. The right answer depends, among other things, on WHEN you are asked that question.

If the interviewer asks that during the very first interview, or the initial selection process, you should say something like: *It's too early for me to answer that question, I would like to learn more about the post itself / range of duties connected with the job* and so on.

If the question is asked at a later stage, there are several strategies you can employ.

First, you can try reverting the question to the interviewer by saying: *I understand that we are talking about a salary range. What is the range for similar posts in your organisation?*

21. Co w poprzedniej pracy podobało ci się najbardziej, a co najmniej?

Bądź nastawiony pozytywnie i zwróć uwagę na to, by wymienić więcej rzeczy, które ci się podobały niż tych nielubianych. Możesz rozmawiać o szansach, jakie oferuje ci praca za granicą w porównaniu ze stanowiskiem w kraju. Nie mów zbyt krytycznie o pracy w Polsce – to zawsze robi złe wrażenie.

22. Jakie jest twoje zdanie o twoim obecnym / byłym szefie?

W swojej wypowiedzi wyrażaj się tak pozytywnie, jak to tylko możliwe. Jeżeli będziesz krytykować poprzedniego zwierzchnika, twój nowy szef będzie się zastanawiał, czy w przyszłości będziesz się wypowiadał w ten sposób i o nim.

23. Jakie są twoje oczekiwania dotyczące wynagrodzenia?

Jest to prawdopodobnie najbardziej delikatne i najtrudniejsze pytanie z całej rozmowy. Właściwa odpowiedź zależy między innymi od tego, KIEDY zostanie ono zadane.

Jeżeli prowadzący rozmowę zada powyższe pytanie podczas pierwszego spotkania lub w trakcie wstępnego procesu rekrutacji, odpowiedz coś w rodzaju: *Jeszcze za wcześnie na odpowiedź na to pytanie, chciałbym się najpierw dowiedzieć czegoś więcej o samym stanowisku / o zakresie obowiązków związanych ze stanowiskiem itp.*

Jeżeli pytanie zostanie zadane na dalszym etapie selekcji, masz do wyboru kilka strategii.

Po pierwsze, możesz spróbować odpowiedzieć pytaniem, np.: *Rozumiem, że rozmawiamy o przedziale płacowym. Jak wygląda przedział płacowy dla porównywalnych stanowisk w Państwa firmie?*

make more – zarabiać wię-
cej
money is all that counts –
liczą się tylko pieniądze
precise number – dokładna
wielkość
purchasing power – siła
nabywcza
regardless – bez względu

Alternatively, you may mention a range yourself. It should be a range preferably, not a single number. You can get a rough idea of how much a job is paid by looking at comparable positions in job adverts.

If you are pressed for a precise number, you may mention your current remuneration (if that was in Poland, you must also state that it is impossible to have a direct translation of salary ranges, as purchasing power differs vastly!) and say that you are of course interested in making more.

Regardless of the strategy used, you should always discuss the salary in relation with the job. Don't make an impression that money is all that counts. Link the salary to responsibilities and duties.

24. What are your long-range goals?

link – połączyć
long-range goals – cele
długoterminowe

Personal development is always a good choice. Try to link it somehow to the position you are applying for, like: *In your company, I would like to develop by ...*

25. How do you measure your personal success so far?

bear somebody a grudge –
mieć komuś coś za złe
intimidated – zastraszony
hope for something – mieć
na coś nadzieję

Positive image is very important here. Don't make an impression that you bear the world a grudge. Don't appear intimidated. Try to project a positive image and say that all in all you are happy with the personal development you have made so far. You may say that you hope for further development in the job you are applying for, but don't make it too obvious.

Można też samemu określić przedział. Najlepiej mówić o przedziale, a nie o konkretnej kwocie. Orientację na temat potencjalnego wynagrodzenia można zdobyć poprzez analizę porównywalnych stanowisk w ogłoszeniach o pracy.

Jeżeli wymagają od ciebie podania konkretnej kwoty, możesz wspomnieć o swoim bieżącym wynagrodzeniu (jeżeli wypłacane było w Polsce, musisz także podkreślić, że niemożliwe jest bezpośrednie przeliczenie przedziałów płacowych, jako że siła nabywcza w obu krajach jest nieporównywalna!) i zaznacz, że oczywiście chciałbyś zarabiać więcej.

Niezależnie od zastosowanej strategii powinieneś zawsze omawiać wynagrodzenie w kontekście pracy. Nie sprawiaj wrażenia, że jedyną rzeczą liczącą się w nowej pracy są pieniądze. Połącz kwestię pensji z zagadnieniem obowiązków i zadań.

24. Jakie są twoje cele długoterminowe?

Dobrym rozwiązaniem jest zawsze wątek rozwoju osobistego. Spróbuj połączyć kwestię rozwoju ze stanowiskiem, o które się ubiegasz, np.: *W Państwa firmie chciałbym się rozwijać poprzez...*

25. Jak oceniasz swoje dotychczasowe osiągnięcia zawodowe?

W tym miejscu pojawia się bardzo istotna kwestia pozytywnego wizerunku. Nie sprawiaj wrażenia, że masz światu coś za złe. Nie wyglądaj na osobę zastraszoną. Staraj się przekazać pozytywny wizerunek samego siebie i zaznacz, że ogólnie rzecz biorąc jesteś zadowolony ze swojego dotychczasowego rozwoju osobistego. Możesz zaznaczyć, iż wiążesz nadzieję dalszego rozwoju ze stanowiskiem, o które się ubiegasz, ale nie podkreślaj tego zbyt natarczywie.

99 other questions
you may be asked during an interview

1. Are you a self-starter?
2. Are you able to work without supervision?
3. Are you competitive?
4. Are you enthusiastic?
5. Are you objective in evaluating your work?
6. Before we can use you fully, how much training would you require?
7. Can you be depended upon in critical situations?
8. Can you describe your long-range goals?
9. Can you handle constructive criticism?
10. Can you manage your time effectively?
11. Can you work under pressure?
12. Describe a situation in which you had to use reference materials to write a research paper. What was the topic? What reference materials did you read? How did you conduct your research?
13. Describe a situation in which you reached a compromise.
14. Describe a situation in which you were able to persuade someone to see things your way?
15. Describe a situation in which your results were below expectations. What happened? How did you react?
16. Describe a situation that required many things to be done simultaneously. How did you handle it?
17. Describe a situation where your colleagues disagreed with your ideas. What did you do?
18. Describe a situation where you dealt with someone who didn't like you. What did you do?
19. Describe a time when you got people who dislike each other to work together.
20. Describe some times when you were not very satisfied with your work. What did you do about it?
21. Describe the characteristics of a successful manager / doctor / driver / employee.
22. Describe the teacher that influenced you most in the past.

99 innych pytań,
które możesz usłyszeć w czasie rozmowy kwalifikacyjnej

1. Czy jesteś samoukiem?
2. Czy potrafisz pracować bez nadzoru?
3. Czy lubisz rywalizację?
4. Czy masz zapał do pracy?
5. Czy potrafisz obiektywnie oceniać własną pracę?
6. Jak długiego szkolenia potrzebowałbyś, zanim zacząłbyś samodzielnie pełnić obowiązki?
7. Czy można na tobie polegać w krytycznych sytuacjach?
8. Jak opisałbyś swoje cele długofalowe?
9. Czy potrafisz przyjmować konstruktywną krytykę?
10. Czy potrafisz wydajnie zarządzać swoim czasem?
11. Czy umiesz pracować pod presją?
12. Opisz sytuację, w której musiałeś użyć materiałów źródłowych do napisania pracy badawczej. Jaki był jej temat? Jakie materiały źródłowe czytałeś? Jak przeprowadzałeś badania?
13. Opisz sytuację, w której doprowadziłeś do kompromisu.
14. Opisz sytuację, w której udało ci się przekonać kogoś do swojego punktu widzenia.
15. Opisz sytuację, w której wypadłeś poniżej oczekiwań. Co się wydarzyło? Jak zareagowałeś?
16. Opisz sytuację, która wymagała zrobienia kilku rzeczy jednocześnie. Jak sobie poradziłeś?
17. Opisz sytuację, w której koledzy nie zgadzali się z twoimi pomysłami. Co wtedy zrobiłeś?
18. Opisz sytuację, w której musiałeś pracować z kimś, kto cię nie lubił. Co zrobiłeś?
19. Opisz sytuację, w której skłoniłeś do współpracy osoby, które nie lubiły się nawzajem.
20. Opisz sytuacje, w których nie byłeś zadowolony ze swojej pracy. Co zrobiłeś, żeby to naprawić?
21. Scharakteryzuj dobrego menadżera / lekarza / kierowcę / pracownika.
22. Opisz nauczyciela, który miał największy wpływ na twoje życie.

23. Describe your methods for not getting lost in multiple projects.
24. Do you feel you are ready to take on greater responsibilities?
25. Do you think that your academic grades translate in any way to your qualifications?
26. Give an example of a time in which you had to be very quick in reaching a decision.
27. Give me an example of a time when a co-worker or classmate criticised your work publicly. How did you respond?
28. Give me an example of a time when you used common sense and logic in solving a problem.
29. Give me an example of a time you had to make an important decision. How did you make the decision?
30. Give me an example of a time you had to persuade other people to take action.
31. Give me an example of an important goal which you had set in the past. Were you successful?
32. Given the investment our company will make in hiring and training you, can you give us a reason to hire you?
33. Have you ever had any problems with a boss or an instructor? How did you manage the conflict?
34. How could you improve yourself?
35. How did you get on with your last boss/colleagues?
36. How do you handle a sudden crisis?
37. How did you progress in your last job?
38. How do you deal with different people at work?
39. How do you determine or evaluate success? Give me an example of one of your successful accomplishments.
40. How do you express yourself in situations where you have to be tactful?
41. How do you handle criticism?
42. How do you handle work in stressful situations?
43. How do you plan your week?
44. How do you structure your day?
45. How do you work with others?

23. Opisz swoje sposoby na to, jak nie pogubić się, gdy pracujesz nad wieloma różnymi projektami.
24. Czy czujesz się gotowy do wzięcia na siebie większej odpowiedzialności?
25. Czy uważasz, że twoje oceny ze studiów w jakikolwiek sposób odzwierciedlają twoje kwalifikacje?
26. Podaj przykład sytuacji, w której musiałeś bardzo szybko podjąć decyzję.
27. Podaj przykład sytuacji, w której kolega z klasy lub z pracy publicznie skrytykował twoją pracę. Jak odpowiedziałeś?
28. Podaj przykład sytuacji, w której użyłeś logiki i zdrowego rozsądku przy podejmowaniu decyzji.
29. Podaj przykład sytuacji, w której musiałeś podjąć ważną decyzję. W jaki sposób to się stało?
30. Podaj przykład sytuacji, w której musiałeś nakłonić innych do działania.
31. Podaj przykład ważnego celu, który wyznaczyłeś sobie w przeszłości. Czy udało ci się go osiągnąć?
32. Biorąc pod uwagę wydatki, z jakimi wiąże się dla nas twoja praca i szkolenie, czy możesz podać powód, dla którego mielibyśmy cię zatrudnić?
33. Czy kiedykolwiek miałeś jakieś problemy z szefem lub nauczycielem? Jak poradziłeś sobie z tym konfliktem?
34. W jaki sposób mógłbyś udoskonalić swoje umiejętności?
35. Jak układały się twoje stosunki z szefem i kolegami w poprzednim miejscu pracy?
36. Jak sobie radzisz z nagłymi sytuacjami kryzysowymi?
37. Jakie postępy udało ci się poczynić w poprzednim miejscu pracy?
38. Jak radzisz sobie z różnymi ludźmi w pracy?
39. Jak określasz i oceniasz sukces? Podaj przykład czegoś, co mógłbyś określić jako sukces.
40. W jaki sposób się wyrażasz, gdy musisz być taktowny?
41. Jak radzisz sobie z krytyką?
42. Jak radzisz sobie z pracą w sytuacjach stresujących?
43. W jaki sposób planujesz swój tydzień?
44. W jaki sposób organizujesz sobie dzień?
45. Jak ci się pracuje w grupie?

46. How have your studies prepared you for a business career?
47. How long have you been looking for a new job?
48. How many hours are you prepared to work?
49. How was your transition from school situation to real life work? Did you face any particular problems?
50. How will the academic program and coursework you've taken benefit your career?
51. How would you describe yourself in terms of your ability to work as a member of a team?
52. How would you describe yourself?
53. How would you evaluate your ability to deal with conflict?
54. If you could do so, how would you plan your academic career differently?
55. Please describe the ideal job for you following graduation.
56. Tell me about a major problem you recently handled. How did you solve it?
57. Tell me about a time when you failed to meet a deadline. What things did you fail to do? What did you learn?
58. Tell me about a time when you had to deal with a difficult person.
59. Tell me about a time when you had to go above and beyond the call of duty in order to get a task done.
60. Tell me about the salary range you're seeking.
61. Tell me what you know about our company.
62. Tell me about the most difficult customer experience that you have ever had to handle – perhaps an angry customer. Explain how you reacted and what the outcome was?
63. To what extent would you be willing to travel for the job?
64. Try to remember a time when you were assigned a very complex project.
65. What are you like under pressure?
66. What are you looking for in a new job?
67. What are your goals?
68. What are your standards of success in school?
69. What can we offer you that your present employer cannot offer?
70. What do you expect to be doing in five years?

46. W jaki sposób studia przygotowały cię do kariery zawodowej?
47. Od jak dawna szukasz nowej pracy?
48. Ile godzin jesteś gotów pracować?
49. Jak wyglądało twoje przejście od sytuacji spotykanych w szkole do sytuacji spotykanych w pracy? Czy napotkałeś jakieś konkretne problemy?
50. W jaki sposób twoje studia i zadania, jakie musiałeś wykonywać w trakcie studiów, pomogą ci w karierze?
51. Jak opisałbyś swoje zdolności do pracy w zespole?
52. Jak byś sam siebie opisał?
53. Jak oceniasz twoją umiejętność radzenia sobie z konfliktami?
54. Gdybyś mógł, czy zaplanowałbyś inaczej swoje studia?
55. Opisz idealną pracę dla siebie po skończeniu studiów.
56. Opisz jakiś poważny problem, z którym ostatnio musiałeś się uporać. Jak sobie z nim poradziłeś?
57. Opisz sytuację, w której nie udało ci się zrobić czegoś na czas. Co to było? Czego się nauczyłeś?
58. Opisz sytuację, w której musiałeś poradzić sobie z trudną osobą.
59. Opisz sytuację, w której musiałeś wyjść poza swoje obowiązki, żeby wykonać zadanie.
60. Jaki przedział wynagrodzenia cię interesuje?
61. Co wiesz o naszej firmie?
62. Opowiedz o najtrudniejszej rozmowie z klientem, na przykład o rozmowie z rozgniewanym klientem. Jak zareagowałeś i jaki był tego wynik?
63. Czy byłbyś skłonny dojeżdżać do pracy?
64. Spróbuj przypomnieć sobie moment, w którym przydzielono ci bardzo skomplikowany projekt.
65. Jak się zachowujesz pod presją?
66. Czego szukasz w nowej pracy?
67. Jakie są twoje cele?
68. Jakie są twoje standardy sukcesu w nauce?
69. Co może ci zaoferować nasza firma, czego nie może dać ci twój obecny pracodawca?
70. Co chciałbyś robić za pięć lat?

71. What do you know about this organisation?
72. What do you not like about the job?
73. What do you think it takes to be successful in this career?
74. What initiatives did you take to make the work place better organized?
75. What interests you about this organisation?
76. What is the biggest mistake you've made?
77. What is the most significant contribution you made to the company during your past job?
78. What motivates you?
79. What personal weakness has caused you the greatest difficulty in school or on the job?
80. What plans do you have for further study?
81. What problems did you encounter and how did you overcome them?
82. What qualities do you think this job requires?
83. What specific goals have you set for yourself in your life?
84. What suggestions do you have for our organisation?
85. What was the most complex assignment you have had? What was your role?
86. What was your greatest success and how did you achieve it?
87. What were your reasons for selecting your school or university?
88. What would be your ideal job?
89. Which classes or subjects did you like best? Why?
90. Which is more important to you, the job itself or your salary?
91. Which of the subjects you had at school do you think will be most useful in your work?
92. Why are you interested in this branch?
93. Why are you interested in this company?
94. Why are you interested in this position?
95. Why did you decide to seek a position in this company?
96. Why did you decide to seek a position in this field?
97. Why do you think you might like to live in the community in which our company is located?
98. Will parting with your family for the time of work be a problem for you?
99. Will working abroad be a problem for you?

71. Co wiesz o naszej firmie?
72. Czego nie lubisz w swojej pracy?
73. Co twoim zdaniem jest potrzebne, aby odnieść sukces w tego rodzaju pracy?
74. Jakie zmiany zainicjowałeś, żeby twoje miejsce pracy było lepiej zorganizowane?
75. Co interesuje cię w naszej firmie?
76. Co jest największą pomyłką, jaką kiedykolwiek popełniłeś?
77. Jaki był twój najbardziej znaczący wkład w działalność firmy, w której poprzednio pracowałeś?
78. Co cię motywuje?
79. Która z twoich wad sprawiła ci najwięcej trudności w szkole lub w pracy?
80. Jakie masz plany dotyczące dalszego kształcenia się?
81. Z jakimi problemami się spotkałeś i jak je przezwyciężyłeś?
82. Jakich cech, twoim zdaniem, wymaga ta praca?
83. Jakie szczegółowe cele wyznaczyłeś sobie w życiu?
84. Jakie miałbyś sugestie dla naszej firmy?
85. Co było najbardziej skomplikowanym zadaniem, w jakim uczestniczyłeś? Jaka była w nim twoja rola?
86. Co jest twoim największym sukcesem i jak go osiągnąłeś?
87. Czym się kierowałeś, wybierając szkołę lub uniwersytet?
88. Jaka praca byłaby idealna dla ciebie?
89. Które przedmioty i zajęcia najbardziej lubiłeś i dlaczego?
90. Co jest dla ciebie ważniejsze: sama praca czy wynagrodzenie?
91. Jak sądzisz, który ze szkolnych przedmiotów będzie najbardziej przydatny w twojej pracy?
92. Dlaczego chciałbyś pracować w tej branży?
93. Dlaczego chciałbyś pracować w naszej firmie?
94. Dlaczego chciałbyś pracować na tym stanowisku?
95. Dlaczego postanowiłeś ubiegać się o posadę w naszej firmie?
96. Dlaczego postanowiłeś ubiegać się o posadę w tym sektorze?
97. Dlaczego chciałbyś mieszkać w miejscowości, w której mieści się nasza firma?
98. Czy rozstanie z rodziną na czas pracy będzie dla ciebie problemem?
99. Czy praca za granicą będzie dla ciebie problemem?

address sb – zwrócić się do kogoś
avoid – unikać
changeable – zmienny
conversation starter – formułka rozpoczynająca rozmowę
familiarity – swoboda, znajomość
go ahead – ruszać
how do you find … ? – co sądzisz o...?
shower – prysznic

Example job interviews

A job interview with an IT specialist

INT = Interviewer
C = Candidate

INT *Hello, good day to you, Mr Karczewski.*

C *Good morning, sir.*

> ➡ Comment
> If we don't know the name of the interviewer, we should address a man as *sir* and a woman as *madam*, but only the first time we address them.

INT *Well, how do you find the weather in Scotland?*

> ➡ Comment
> This question really means *What do you think of the weather?* Questions starting with *How do you find ...* don't really ask about the way of finding things, but more about our opinions.

C *It is very changeable, for sure. One minute sunshine, another minute a shower.*

> ➡ Comment
> As said in the question guide, this question is really a conversation starter. The candidate knows that and makes his answer short.

INT *OK, I read through your CV and there are a number of questions I'd like to ask.*

C *Go ahead.*

> ➡ Comment
> A better answer would be *Of course* or *Naturally*. *Go ahead* suggests some familiarity, which perhaps should be avoided that early.

INT *First, you graduated from the Polish Japanese Institute of Information Technology?*

C *That is correct. I completed the graduate study program in English and got my MCs degree last July.*

INT *MCs stands for Master of Computer Science, is that right?*

C *Yes, it does.*

INT *What do you think of the school?*

C *It is the best non-public technical school in Poland, and thanks to numerous co-operation agreements it has very good facilities. I think that due to flexibility of courses and the possibility of studying in English it can prepare its students very well to the challenges of the marketplace.*

> ➡ Comment
> This answer seems a bit too much like taken from an advertising leaflet and while correct, the interviewer may expect a more personalised opinion.

INT *What did you specialise in during your studies?*

C *I took special interest in system and network programming. My MCs thesis was about the implementation of the DiffServ standard ensuring quality in IP networks.*

INT *I see. What about your other interests?*

C *I am very much interested in MMORPGs, I am not sure if you are familiar with the abbreviation?*

> ➡ Comment
> The question to the interviewer may be taken as too direct. If the interviewer wants to ask about something, he will. However, an interest or hobby that somehow links to your profession is a very good answer.

INT *Is it something connected with online gaming?*

---

a bit too much – nieco za dużo
advertising leaflet – ulotka reklamowa
changes – zmiany
degree – stopień naukowy
due to – w związku z
expect – oczekiwać
facilities – udogodnienia, obiekty
flexibility – adaptowalność, elastyczność
graduate from – ukończyć (szkołę, studia)
personalised – spersonalizowany, zindywidualizowany
stand for – oznaczać, zastępować
taken from – zaczerpnięty z

constantly – nieustannie
deadlines – terminy
ensuring quality – zapewnianie jakości
ever since – od tamtej pory
handle – radzić sobie
lead programmer – główny programista
major – główne
mess up – nabałaganić
outsource – korzystać z usług zewnętrznych
overnight – przez noc
promote – promować
properly – właściwie
solutions – rozwiązania
solve – rozwiązywać
tag – oznaczać
traffic classification system – system priorytyzacji transferu
traffic management – zarządzanie transferem / przepustowością
under pressure – pod presją
work out – wypracować
workforce stretched to its limits – pracownicy zajęci do granic możliwości

C True, it stands for Massively-Multiplayer Online Role-Playing Games, and I am interested in them both from a professional point of view – as examples of very large network systems, requiring specialised software to run, and from the point of view of users – I play actively in several of them, including World of Warcraft and GuildWars.

INT OK, then after graduation you worked for UniComp. What did you do there? What were your duties?

C First, I was a junior network specialist ensuring quality in the network software we wrote, and after the trial period I was promoted to a lead programmer of one of our traffic management projects. Our company was outsourced to provide traffic management solutions for one of the leading Polish web portals. I have been a lead programmer ever since, but the project seems to be growing constantly, so now I am practically working also as the project manager.

> ➡ Comment
> Proszę zwrócić uwagę na użycie czasów: I was a junior network specialist – coś, co już się zakończyło; I have been a lead programmer – byłem i jestem nadal; I am working – pracuję teraz.

INT Tell me about a major problem you recently handled. How did you solve it?

C Hmm..., the web portal I was telling you about had some of its servers switched over to Microsoft Windows 2000, and as you know Microsoft Windows 2000 always tags its traffic with IP precedence 5. This pretty much messed up our traffic classification system. We had to work out a solution overnight, but we managed to add another level of classification between DiffServ clouds.

INT So you are good at working under pressure?

C Actually, at UniComp I have constantly been under pressure. The deadlines are impossible, and the workforce stretched to its limits. Without good time management, no job could be done *properly. And since I am the acting project manager, I am also responsible for assigning tasks to others and supervising whether they perform their job well.*

> ➡ Comment
> The candidate answers that question, adding also a good thing about his skills. This is good, as long as it is not done in a too-obvious fashion.

INT *Can you describe your long-range goals?*

C *I would like to work with an organisation that lets me fully develop my potential, where I would have access to the most advanced technology. After some time I would like to become a chief designer of a complex network system – that's where I find the challenge.*

INT *What do you know about our organisation?*

C *I know that you are a network company based in Glasgow that provides network solutions to businesses. I read your web page thoroughly and I'm more or less aware of your range of services. You seem to operate in a very interesting market position.*

INT *What is the range of salary you would expect?*

C *In the ad you stated you were looking for IT Network Engineers, I am aware that the standard range of salary would be between 30 and 45 thousand pounds. Of course, my experience is not that vast yet, so I would be expecting a salary nearer the lower end of the spectrum.*

INT *Ok, that seems to be all then. Thank you very much indeed, we'll reach you in a day or two.*

C *Thank you.*

access – dostęp
acting – pełniący obowiązki
ad – ogłoszenie
assign – przypisać
chief designer – główny projektant
long-range – długoterminowy
lower end of the spectrum – dolna granica tego zakresu
more or less – mniej lub bardziej
network solutions – rozwiązania sieciowe
operate – działać
perform – wykonywać
project manager – kierownik projektu
provide solutions to businesses – dostarczać rozwiązania firmom
reach sb – skontaktować się z kimś
services – usługi
state – podawać
supervising – nadzorujący
thoroughly – dokładnie
too-obvious – aż za bardzo oczywisty
vast – olbrzymie

attend – zajmować się, uczęszczać
check – sprawdzić
details – szczegóły
emergency and disaster medicine – medycyna ratunkowa
extremely useful – niezwykle przydatne
histology – histologia
later on – później, następnie
let me think – niech pomyślę
please be seated – proszę usiąść
previous – poprzedni
proceed on to – przejść do (czynności)
refresher course – kurs przypominający
route – trasa, droga
splendid – doskonale
statement – stwierdzenie, oświadczenie, deklaracja, zaświadczenie
that is correct – to prawda

A job interview with a doctor

INT = Interviewer
C = Candidate

INT *Hello, how are you?*

C *Hello, I am fine. How are you?*

INT *Very well, thank you. Please be seated.*

C *Thank you.*

INT *Now, Mr Jablonski, before we begin, did you have any problems finding us?*

C *No, not really. I checked the route yesterday so I did not have any problems finding your place.*

INT *That's splendid. Your English seems to be quite good, doesn't it?*

> ➡ Comment
> This is a statement that is really a question. The candidate understands it as such and proceeds on to details of his English courses.

C *Thank you, Dr Fennyman. I took a two-year course at the university in Cracow, then I attended some private courses during my previous employment. And when I learned about the possibility of working in Britain, I took some refresher courses.*

INT *Very well indeed. How did you like your studies? You studied ... medicine at Medical College of the Jagiellonian University?*

C *That is correct. There were many subjects that were extremely fascinating and some that were useful for me later on.*

INT *I see. Can you give me an example of a former and of a latter?*

C *Let me think ... For me, the Emergency and Disaster Medicine course was very interesting, so was the first year's Histology and*

Cytophysiology. On the other hand, I found several very useful courses for my practice, like Family Medicine and Paediatrics.

INT Good. So now you moved to Britain and would like to work as a GP? How will you cope with parting with family and friends?

C I don't think this will be much of a problem, Dr Fennyman. My wife is currently applying for a job with St. Andrew's Hospital, and since she is a very good anesthesiologist, I think she stands a good chance. So, if I am offered this job, we would be working in the same town. And with my continued studies in the evenings I don't think I have much time for friends anyway.

INT So you're not much of a socialiser, are you?

C Pardon me? What is a socialiser?

➡ Comment
It is perfectly all right to ask for a word you don't understand.

INT You don't enjoy going out too much?

C I like contact with people, but when I am faced with a choice between an interesting book and an evening full of cigarette smoke, I choose a book.

INT I see. What is it that you are studying in the evenings?

C I am preparing to write a doctoral thesis on paediatrics, concerning pulmonary functions.

INT Good, good ... what can you tell me about your past job?

➡ Comment
Interviewer's interruption like good, good can mean many things, depending on its intonation. Here it was probably meant as thank you, that is enough.

C Well, for the past two years I have been employed in Municipal Health Centre in Jerzmanowice. It has been a nice job, I have learnt a lot there. I think I have established very good relations

calls for – wymaga
choice between – wybór pomiędzy
cigarette smoke – dym papierosowy
concerning – w zakresie, w odniesieniu do
cope with parting with – poradzić sobie z rozstaniem z
cytophysiology – cytofizjologia
depending on its intonation – w zależności od intonacji
enough – wystarczająco
establish – założyć
faced with – stanąć w obliczu
family medicine – medycyna rodzinna
going out – wychodzić
GP – lekarz ogólny
interruption – wtrącenie
municipal – gminny
on the other hand – z drugiej strony
paediatrics – pediatria
pulmonary functions – funkcje oddechowe
socialiser – osoba towarzyska
stand a good chance – mieć spore szanse

at a later stage – w póź-
niejszym terminie
bring up – wychować
clerical workers – urzędni-
cy, pracownicy biurowi
depend on – polegać na
devote – poświęcać
devotion – poświęcenie
efficient manager – skuteczny kierownik
expected – oczekiwany
have sth in mind – mieć
coś na myśli
health centre – ośrodek
zdrowia
initial – początkowy
irregular and long hours –
długi i nienormowany
czas pracy
janitor – portier, dozorca,
woźny
lack of trust – brak zaufania
laughable – śmieszne
mention – wspomnieć
moreover – ponadto
quit – opuścić, porzucić,
odejść
range of duties – zakres
obowiązków
reflect – zastanawiać się
responsibility – odpowiedzialność
revert – powrócić
since – ponieważ
skillfully – zręcznie
strict – surowy
strike a fine balance –
znaleźć równowagę
substantial contribution –
znaczny wkład
think of – myśleć o, mieć
na myśli
well-equipped – dobrze
wyposażony
willingly – chętnie

with the patients, since after the initial period of a lack of trust and calls for an 'older and more experienced' doctor they started asking for me. The management also thinks quite well of me.

INT And what do you think of the management?

C My boss is a very efficient manager, he manages to strike a fine balance between being strict and being friendly. This creates a very good atmosphere at work. Doctors, nurses and clerical workers come to work willingly and feel there very well.

INT So why have you decided to quit your present job?

C Well, you see, the situation for doctors in Poland is not exactly perfect. We are paid salaries which are laughable – can you imagine that a janitor in our health centre earns almost as much as a doctor – and are expected to work irregular and long hours, not to mention the responsibility. Moreover, as I work in a small town, there is not much chance of finding study opportunities after work. The nearest well-equipped library is in Cracow, which is quite far.

INT I see. Well, since you brought up a topic of salaries, assuming that we would be willing to employ you, how much would you expect to earn?

C I think that would mostly depend on what would be required of me. I think I can be a devoted employee and bring substantial contribution to the organisation, and the salary should reflect both my professional skills and my devotion. Do you have anything in mind?

> ➡ Comment
> This is an initial interview, so the candidate quite skillfully links the salary to the range of duties he would have, and then reverts the question at the interviewer.

INT Perhaps we'll return to this subject at a later stage. Can you tell me what is your worst feature of character?

C   Hmm ... I think that I am quite shy. I never did like student parties, always had difficulty meeting people for the first time. Come to think of it, I have always preferred books to people. Accidentally, I met my wife in a library ...

> ➡ Comment
> Not the best of answers, actually. While it is acceptable for a researcher to be shy, doctors need to be more outgoing to be able to cope with patients.

INT   Thank you very much indeed, Mr Jablonski. We'll contact you about the next interview.

C   Thank you, Dr Fennyman. Have a good day.

INT   Thank you, goodbye.

acceptable – dopuszczalny, do przyjęcvia
accidentally – przypadkiem
cope with – radzić sobie z czymś
outgoing – towarzyski
reasearcher – uczony

A list of popular jobs
English-Polish glossary

accountant – księgowa, księgowy
baby sitter – opiekun/ka do dziecka
baker – piekarz
bartender – barman/ka
beautician – kosmetyczka
bricklayer – murarz
car mechanic – mechanik samochodowy
carpenter – stolarz
cashier – kasjer/ka
chef – mistrz kucharski
civil engineer – inżynier budowlany
cleaning person – sprzątacz/ka
construction equipment operator – operator sprzętu budowlanego
cook – kucharka, kucharz
decorator – malarz pokojowy
designer – projektant/ka
diver – nurek
dressmaker – krawcowa, krawiec
driver – kierowca
economist – ekonomist(k)a
electric engineer – inżynier elektryk
electrician – elektryk
electronic engineer – inżynier elektronik
engineer – inżynier
firefighter – strażak
flight attendant – steward/esa
florist – kwiaciarka, kwiaciarz
gardener – ogrodnik
hairdresser – fryzjer/ka
handy man – złota rączka
interior designer – projektant/ka wnętrz
lab technician – laborant/ka
lifeguard – ratownik
locksmith – ślusarz

mechanic – mechanik
miner – górnik
musician – muzyk
nurse – pielęgniarka
office worker – pracownik biurowy
paramedic – sanitariusz/ka
paver – brukarz
pharmacist – farmaceut(k)a
plasterer – tynkarz
plumber – hydraulik
receptionist – recepcjonist(k)a
secretary – sekretarka
service engineer – inżynier serwisowy
shop assistant – sprzedawca, sprzedawczyni
teacher – nauczyciel/ka
tiler – glazurnik
upholsterer – tapicer
waiter – kelner/ka
welder – spawacz

Spis najpopularniejszych zawodów
Słowniczek polsko-angielski

barman/ka – bartender
brukarz – paver
ekonomist(k)a – economist
elektryk – electrician
farmaceut(k)a – pharmacist
fryzjer/ka – hairdresser
glazurnik – tiler
górnik – miner
hydraulik – plumber
inżynier – engineer
inżynier budowlany – civil engineer
inżynier elektronik – electronic engineer
inżynier elektryk – electric engineer
inżynier serwisowy – service engineer
kasjer/ka – cashier
kelner/ka – waiter
kierowca – driver
kosmetyczka – beautician
krawcowa, krawiec – dressmaker
księgowa, księgowy – accountant
kucharka, kucharz – cook
kwiaciarka, kwiaciarz – florist
laborant/ka – lab technician
malarz pokojowy – decorator
mechanik – mechanic
mechanik samochodowy – car mechanic
mistrz kucharski – chef
murarz – bricklayer
muzyk – musician
nauczyciel/ka – teacher
nurek – diver
ogrodnik – gardener
operator sprzętu budowlanego – construction equipment operator

opiekun/ka do dziecka – babysitter
piekarz – baker
pielęgniarka – nurse
pracownik biurowy – office worker
projektant/ka – designer
projektant/ka wnętrz – interior designer
ratownik – lifeguard
recepcjonist(k)a – receptionist
sanitariusz/ka – paramedic
sekretarka – secretary
spawacz – welder
sprzątacz/ka – cleaning person
sprzedawca, sprzedawczyni – shop assistant
steward/esa – flight attendant
stolarz – carpenter
strażak – firefighter
tapicer – upholsterer
tynkarz – plasterer
ślusarz – locksmith
złota rączka – handy man

Notatki

Wydawnictwo Langenscheidt

poleca również:

Jak mówić po angielsku. Wzory dialogów do matury i egzaminów
144 s. 14,5 × 21,0 cm

Jak pisać po angielsku. Listy, kartki, SMS-y, maile, ogłoszenia
128 s. 14,5 × 21,0 cm

Język angielski. Korepetycje domowe
288 s. 14,5 × 21,0 cm

Język angielski. 365 zadań i ćwiczeń z rozwiązaniami
208 s. 16,5 × 24 cm

www.langenscheidt.pl